裂け目に世界をひらく

「共生」を問う　東大リベラルアーツ講義

東京大学東アジア藝文書院［編］

東京大学出版会

Unveiling New Worlds through Cracks:
Explorations of "Co-becoming": Liberal Arts Lectures at the University of Tokyo

East Asian Academy for New Liberal Arts, the University of Tokyo, editor

University of Tokyo Press, 2024
ISBN 978-4-13-013155-1

まえがき

石井　剛（東京大学東アジア藝文書院院長）

本書は二〇二二年度春学期の東京大学教養学部におけるオムニバス講義「三〇年後の世界へ――「共生」を問う」で行われた一三回の連続講義のうち、一二回分をまとめたものです（残り一回は初回のガイダンスでした）。「三〇年後の世界へ」と題する講義は東京大学東アジア藝文書院（East Asian Academy for New Liberal Arts, the University of Tokyo, EAA）が主催して二〇一九年度以来毎年同じ学期に行われており、この「「共生」を問う」はシリーズの四回目になります。東アジア藝文書院は、北京大学とのジョイントプログラムとして、「東アジアからの新しいリベラルアーツ」を旗印に掲げてこの年に設立された新しい組織です。この組織には東京大学においてこれまで例を見ない（少なくとも非常に珍しい）特徴がいくつかあります。それを集約的に表現すると、研究・教育・社会連携が三位一体となって新しいリベラルアーツを創造しようとする国際的な研究教育機関であるということです。つまり、わたしたちが目指すのは、特定の研究領域における国際的な研究協力や産学連携ではなく、「リベラルアーツ」の名のもとで研究者、学生、産業社会が共同して世界的な智慧を交錯させ、共有し、さらにそれを新たな課題として問うていくことです。未来の不確実性が高まり、人々の危機感は増すばかりです。こうした中で世界をよりよいものにしていくために、大学が社会活動と学問研究の結節点となるべく機能することが不可欠であるとわたしたちは考えています。EAAのこうした特徴と理念については、EAA発足時に東大総長だった五神真前総長が『新しい経営体としての東京大学』(東京大学出版会、二〇二一年)のなかでより詳しく言及しているので関心のある方にはぜひ併せてお読みいただければ幸いです。

さて、こうした理念の下で、新型コロナウイルス感染症(COVID-19)が世界的に流行しているさなかにも、わたしたちの研究教育活動はオンライン技術を使いながら継続されました。「共生」というテーマはその中で生まれたものです。二〇二一年の夏、わたしは北京(中国)と高雄(台湾)でほぼ同時に、しかし別々に立ち上げられた「共生」をめぐるオンライン学術イベントに招待されて参加しました。北京の方は、バーグルエン研究所という民間国際研究所の中国センターが「惑星的統治」(planetary governance)に向けて生物学的概念の共生(symbiosis)を哲学的に問い直すべく、中国哲学、科学哲学、微生物学、国際関係論などの専門家を集めて「共生――生命科学と哲学的視座」と題するオンライン・ワークショップを開催しました。高雄では、中山大学で頼錫三さんがグローバル中国学フォーラム(国際漢学平台)を設立し、文化横断的中国学研究の交流プラットフォームに「共生」という名を冠して、老荘哲学における共生の思想を多面的に議論するオンライン討議シリーズを展開しました。両者はその後もそれぞれの角度から共生をテーマに掲げたオンライン共同研究を続けていきます。

この二つのイベントはたまたまこの時期に始まったということ以外に何ら相互の関連性はありませ

んが、わたしが両方から声をかけられたことには一定の理由があります。それは、東アジア藝文書院がもともと「共生のための国際哲学研究センター」(University of Tokyo Center for Philosophy, UTCP)という名称の教養学部内研究センターから派生的に生まれたものだったからです。このセンターはUTCPという略称の方が広く知れ渡っていることかと思います。小林康夫さんが長くリーダーを務めたこの組織の中で、わたしは数少ない中国語話者として東アジア関連イベントに参加したり自ら組織していましたので、それで彼らの目に止まったということだろうと思います。つまり、彼らはいずれも「共生」なる漢字概念が日本に由来していること、そして、二一世紀の初めにUTCPがこの概念を掲げて、教養学部が置かれている駒場から広く世界に向けて国際的な哲学を発信していたことを知っていたのです。中山大学のプロジェクトはその後、『老荘思想と共生哲学』(頼錫三編、五南出版社、二〇二三年)として中国語で台湾から出版されています。わたしが参加した討議の内容が再録されているほか、EAA前院長であり、かつUTCPを事務局長として支えてきた中島隆博さんがUTCPからEAAに至るまでの経験を存分に語っています。また、彼は「共生」を生物学的なsymbiosisでも、UTCPで使われてきたco-existenceでもなくco-becomingと訳すよう提案しています。バーグルエン中国センターは、二〇二一年来の研究成果を英語の書籍にまとめており、そのタイトルにもこのco-becomingが採用されています(*Gongsheng Across Contexts: A Philosophy of Co-becoming*, Bing Song and Yiwen Zhan ed., Palgrave Macmillan, 2024)。なお、タイトル中の「Gongsheng」とは、「共生」という漢字熟語の中国語読みです。

こうして、偶然にも中国大陸と台湾でほぼ同時に「共生哲学」の試みが始まり、しかもそこでcobecomingなる新造語が標榜されるに至りました。その後、この二つのストリームはそれぞれのコンテクストを保ちつつ合流することになります。それは、二〇二四年三月二九日と三〇日に東京大学駒場キャンパスで行われた、バーグルエン中国センター主催、EAA共催の共生会議です。この会議の背景を説明するには、もうひとつのストリームを紹介する必要があるでしょう。それは、ヨーロッパで二度にわたって提起されたコンヴィヴィアリスト宣言（Convivialist Manifesto）のことです。この宣言はフランス語を話す四〇人ほどの知識人たちが集まって議論し、二〇一三年に第一版が公開されています。それは、気候の温暖化、生態系の破壊、大気汚染、原発事故による放射能汚染、資源の枯渇、貧困の拡大、新自由主義による民主主義の否定、紛争の増加、国際戦争リスクの高まり、テロリズムの拡散、過度な安全意識による不安定の増幅、反社会勢力の増強、非合法な納税回避や投機とその政治的影響の拡大などの現状に対し、コンヴィヴィアリティという概念を打ち出して、人間同士の、そして人間と世界との関わり方を問い直そうという試みでした（*Convivialist Manifesto: A Declaration of Interdependence*, trans. Margaret Clarke, Käte Hamberger Kolleg / Centre for Global Cooperation Research, 2014, pp. 21-22）。コンヴィヴィアリティに関しては、イヴァン・イリイチが『コンヴィヴィアリティのための道具』という著作の中で、「人間的な相互依存のうちに実現された個的自由であり、またそのようなものとして固有の倫理的価値をなすもの」であると述べています（イヴァン・イリイチ『コンヴィヴィアリティのための道具』、渡辺京二・渡辺梨佐訳、筑摩書房、二〇一五年［初出一九八九年］、四〇頁）。イリイチは人と環境（自然環境や社会環境）を取り結ぶ関係を、「おのれの想像力の結果として環境をゆたかなものにする最大の機会を与える道具」（同五九頁）によって律していくよう提案します。これはやがて、セルジュ・

ラトゥーシュらの脱成長論へと受け継がれ、産業資本主義文明から脱するための思想資源になっていきます（Frank Adloff, "'Wrong life can be lived rightly' Convivialism: Background to Debate", 前掲 *Convivialist Manifesto*, pp. 7-8)。二〇二〇年にはコンヴィヴィアリスト第二宣言が発表され、共に生きる哲学としてのコンヴィヴィアリズムが明確に提唱されます（"The Second Convivialist Manifesto: Towards a Post-Neoliberal World"）。その中で、コンヴィヴィアリズムは次のように定義されています。

コンヴィヴィアリズムは、人間がより協力的になるためにお互いを殺し合うことなく競い合い、天然資源には限りがあるのだとじゅうぶんに理解する人間となり、世界を大切にしようとする気づかいを共有する人間となるように仕向けるための原理を求めようとする、あらゆる考え方、智慧のすべてに対して与えられる名前だ。それらは現存するものでも過去のものでもありうるし、世俗的なものでも宗教的なものでもあるだろう。共に生きる技法としての哲学、それは何も他の思想を取り消そうとしたり急進的に乗り越えてそれらに取って代わろうとする新しい思想ではない。それは、人類の未来に対するいくつもの脅威に直面せざるを得ない極めて緊急的な事態に立って様々な思想が相互に問いかけ合おうとする運動なのだ。

(https://online.ucpress.edu/cs/article/1/1/12721/112920/THE-SECOND-CONVIVIALIST-MANIFESTO-Towards-a-Post　二〇二四年四月二一日閲覧)

イリイチが述べているように、もともとコンヴィヴィアリティは美食家として知られるブリア＝サヴァランが用いたことばでした。それが今日では、節制ある楽しみを共に享受するための技術を求めながら、世界をよりよくケアしていく思想の中核的概念になりました。この概念を共生とオーバーラップさせようとする提案はバーグルエン中国センターの宋冰さんからかねて聞かされており、たいへんうれしかったのをわたしも覚えています。なぜなら、イリイチの著作を翻訳した渡辺京二と渡辺梨佐がこのことばを「自立共生」と翻訳していたからです。

駒場共生会議には、こうしてフランス、ドイツ、アメリカ、中国、台湾、韓国、そして日本から、「共生」と「コンヴィヴィアリズム」という理念に共通の関心を持つ人々が参集しました。宋冰さんと頼錫三さんはもとより、二度のコンヴィヴィアリスト宣言を中心的に担ってきたアラン・カイエさんとフランク・アドルフさんも加わりました。ほかにニコラス・バーグルエンさん、ロジャー・エイムズさん、白永瑞さん、石井公成さん、小林康夫さん、龔雋さん、中島隆博さん、任暁さん、マルクス・ガブリエルさん、マーク・マッコーナギーさん、星野太さん、展翼文さん、田馨媛さんが、これらの概念を惑星的な哲学と倫理学へと鍛え上げていくために、二日間にわたる熱のこもった議論をくりひろげたのでした。

これはそのまま、共生の思想の世界における現在地であると言っていいかと思います。そして、EAAによる教養学部学術フロンティア講義「三〇年後の世界へ――「共生」を問う」は、まさにこの駒場会議に向かって機運が醸成される過程のなかで企画されたものです。今回『裂け目に世界をひらく――「共生」を問う　東大リベラルアーツ講義』として新たに出版されることになったのは、北京と高雄で同時に始まった「共生哲学」の問いに対するわたしたちからの最初のレスポンスであり、新たな時代条件において、世界の人々と共に「共生」をキーワードとした学術運動を展開していこうとする意志の表れであったとも言えます。

この学術運動は、特にコンヴィヴィアリストたちの隠すことのできない焦燥感に現れているように、時間的な猶予を与えない惑星的な危機——二〇二三年七月にグテーレス国連事務総長が地球の「沸騰化」と述べたのは記憶に新しいはずです——を前にして強い切迫性を伴っています。しかし、だからこそわたしたちは「共生」という概念の道徳的な自明性をきびしく問うべきであろうと考えます。本書の中では、誰かと共に生きることの居心地の悪さ、いや、それによって被ることのある傷の癒やしがたさや、それと表裏一体にある暴力性について繰り返し問われることになります。生物学的な用語としての共生（symbiosis）は生命の事実であるでしょう。一方で、世界を分節化しながら認識しようとするわたしたちは、ことさら自と他の区別を存在の前提にしがちです。そもそも生態系における諸生物の共生関係は自他の区別を侵すことによって成り立つ場合も少なくないでしょうし、食う食われるという関係の連鎖なくしてはその動態的なバランスは保たれようもありません。したがって、生命の事実が道徳的な要請に変わったとたん、共生の呼び声は強制を容認し排除を正当化するようになってしまうのです。

共生の悪はこうして構造化しますが、しかし加害者と被害者、抑圧者と被抑圧者、排除者と被排除者などの階層的関係は必ずしも固定され、途絶したものではないでしょう。そしてこのことは、もしかすると、共生の悪を直視しつつ、なおも共に生きようとする倫理のための出発点になるかもしれません。哲学者でもあり神学者でもある宮本久雄は、「相生」という概念を使用することによって、そのような倫理を構想しようとしています。

一般的学知の探究法は「それはなんであるか」との問いを中心に、ものごとを「何であるか」（何性、whatness）の束として定義付け、さらに理論化法則化して学的システムを形成し、展開する。これに対して、「物語り」（narrative）は「誰であるか」を常に中心として物語りを続け、そこにこの人は誰々であるという風な仕方で物語り的人格・同一性（narrative identity）を形成する働きをなす。こうした物語りは小さく貧しい人々の他者性を一層尊重し、その人々の自己の自覚と自律を形成して相生の契機になりえよう。あるいは歴史に埋没しつつあるアイヌや沖縄、シンガポールやマレーシアの日本統治時代の暴虐、水俣や暴力にさらされている女性たち、朝鮮の東学党運動、カタリ派など、それらに関する物語りを探査・発掘し、他者の物語り群の地平を抜くことも重要である。なぜならそれらの小さき物語りには、抑圧された人々の恨（ハーン）や恨晴らし（ハン）の願い、和解と相生のエネルギーが秘められ、小さき人々を抑圧して生きてきた「大きな物語」の突破口・転換の機になりうるからだ。

（宮本久雄『パウロの神秘論　他者との相生の地平を開く』、東京大学出版会、四五九頁）

わたしたちひとりひとりの生は一回限りで他が取って代わることのできない唯一のものですが、同時にそれは他との関係性の中で可能になっています。宮本は、そのような生命の矛盾が表出する自他の間を「あわい」と呼び、「あわい」を生きることを「相生」と呼んでいます。異なる小さき物語り同士が出会う「あわい」は自他の変容を促さずにおかないでしょう。コンヴィヴィアリティのための道具はまさに変容に開かれながら、人と人がより豊かに生きるための技法に関わるものであろうと思われます。

オムニバス講義「三〇年後の世界へ——「共生」を問う」が本書に結実するまでにはさまざまなプロセスを経ています。まず、教室での講義の様子は、編集を経て東京大学の授業を動画で配信するサービスUTokyo OCWで公開されています。また、執筆者の皆さんには学生さんとの間で授業中に行われたディスカッションを踏まえて講義内容を再構成してもらい、さらに読書案内をつけてもらいました。したがって、UTokyo OCWで視聴できるものと本書の内容とでは大なり小なりちがいがありますし、この本をきっかけにして読者の皆さんがさらなる思考へと向かっていただけるよう工夫されているというわけです。このこと自体、わたしたちの思想もまたco-becomingとして共に生成変化しながら成長するひらかれた生命であることを物語っています。また、呂植さんとユク・ホイさんの講義は英語で行われましたので、本書への採録にあたっては、ご本人が手を加えた原稿をもとに片岡真伊さんと伊勢康平さんに翻訳してもらいました。

こうして集まった原稿は、実際の講義の順番とは無関係に、内容の関連性に応じて三部構成にまとめられました。それぞれ「わかつ」「わたる」「ただす」という動詞をキーワードにしており、各部の執筆者からそれぞれお一人にお願いして解題を書いてもらいました。わたしたちひとりひとりは他と共にありながら常に変化しつつ生きていく動態的な存在（まさにco-becoming）であり、動詞をキーワードにしたのは、「なに」ではなく、「誰」かの人々の「物語り」をこうした生成変化の動態性として表現したかったからです。ここで「誰」とは、一人一人の執筆者であり、受講者であり、そして読者の皆さんでもあります。「物語り」に関わるすべての人々の出会う「あわい」として本書はいま皆さんの手の中にあるのです。

各部のキーワードや本書のタイトルも含め、本書の構成はすべて東京大学出版会の中野弘喜さんのアイデアです。中野さんは企画の段階から完成に至るまで随所にわたって、この本をよいものにするために遺憾なく力を発揮してくださいました。この場を借りて心からのお礼を申し上げたく存じます。中野さんの細やかな配慮は、実は本書のフォントにまで及んでいます。よく見ていただければお気づきかと思いますが、本書の本文は筑紫Aオールド明朝というちょっとユニークなフォントを使っています。これは文芸書で使われることが多く、学術書ではあまり使われないのだそうです。「共生」概念を問い直す際に、「物語り」性を手がかりにしようとする本書の試みは、こうして美しいかたちで表現されることになりました。

このほか、毎回の講義を裏方として支えてくれたEAAのスタッフやリサーチ・アシスタントの皆さん、UTokyo OCWの撮影編集スタッフの皆さん、そして共に授業の内容を豊かにしてくださった受講生の皆さんのすべてにお礼を申し上げます。また、EAAの運営はダイキン工業株式会社と潮田洋一郎さんからの寄附金によって成り立っていることをここに明記して深い感謝を申し上げます。大学の知のダイナミズムは社会との連携によって初めて大きな社会変革を促していくことができます。未来を担う若い学生さんたちに確かな希望を提示していく道はここにあるにちがいありません。

CONTENT

II　わたる

I　わかつ

日本語の「わかつ」には、「切り離す」「分配する」「判断する」等の意味がある。互いに切り離されたわれわれは、ひとりでは生きていけない弱い存在である。だが一度人が集まればそこにはさまざまな軋轢・衝突が生まれ、共に生きていくことは実に困難な道である。時間も空間もモノも限られているなかで、私たちは何をどこまで他者と分かち合うことができるのだろうか。おそらく答えはないこの難問に対し、いかなる判断を下しうるのか。第I部「わかつ」には共生の難しさとその可能性に向き合った四つの講義が収められている。

（柳　幹康）

第1講

共生をめぐる小さな自伝的物語り

トラウマを生きる

青山和佳

あおやま・わか●東京大学東洋文化研究所教授。一九六八年北海道生まれ、二〇〇二年東京大学大学院経済学研究科博士課程修了、博士（経済学）。専門は東南アジア地域研究（フィリピン）。著書に、An Intimate Journey: Finding Myself Amongst the Sama-Bajau (Kyoto University Press + Trans Pacific Press)、共訳に『世界史のなかの東南アジア――歴史を変える交差路（上・下巻）』（名古屋大学出版会、大平正芳記念賞・特別賞受賞）などがある。サマ・バジャウに関する一連の研究により、日本学術振興会賞、大同生命地域研究奨励賞などを受賞。

同時に、ある光のようにして、たがいがたがいを支えあうような言葉の回路が『傷』を通して開くことがある。〔……〕。自分でも把握することができないトラウマ的な出来事は、他者の物語や証言と出会うことによって、これが私に起こったことなのだという認識をもたらすことがある〔……〕

――岩川ありさ

『物語とトラウマ――クィア・フェミニズム批評の可能性』

（青土社、二〇二二年、三六頁）

はじめに

わたしは、この原稿を沖縄で書きはじめました。東京で調子をくずして那覇に来ています。窓のそとでは風が強く吹いており、ソテツの葉が休む間もなく揺れています。そのペースに巻きこまれないように息をゆっくり吐き、地面に足の裏がついていることを感じながら、みなさんにわたしの秘密をお話ししていこうと思います。それは、トラウマについての小さな語りです。ひとつお願いがあります。わたしの語りを聞くことで、ご自身がつらくなりそうなとき、どうか無理をなさらないでください。どの時点でも読むことをやめて休む自由があります。

精神科医で医療人類学を専門とする宮地尚子によれば、「トラウマ」(心的外傷)とは、「過去の出来事によって心が耐えられないほどの衝撃を受け、それが同じような恐怖や不快感をもたらし続け、現在まで影響を及ぼし続ける状態」をさします(『トラウマ』岩波書店、二〇一三年、三頁)。わたしが抱えるトラウマは、二種類に分けられます。ひとつは、単発的な出来事(事故、災害、レイプなど)によって生じる単回性トラウマです。もうひとつは、日常的に繰り返される出来事(長年の暴力、虐待、いじめなど)によって生じる長期反復性トラウマです。わたしの場合、そうした傷が病として残ってしまい、PTSD(Post-Traumatic Stress Disorder, 心的外傷後ストレス障害)および複雑性PTSDの診断を受けています。

本講は二〇二二年四月一五日におこなった「共生をめぐる小さな自伝的物語り——被暴力経験とその後」と題する講義の語りなおしです。講義の原型は、UTokyo OCWで視聴できます(https://ocw.u-tokyo.ac.jp/lecture_2140/)。わたしは、この講義を語りなおさずにはいられませんでした。それは、トラウマというものの語りにくさに根ざすものです。フェミニストでトランスジェンダー女性の文学研究者でもある岩川ありさが、各分野の文献を渉猟したうえで、「トラウマという言葉は、あまりも衝撃的すぎて、言語化できないほどの出来事によって生じる精神的外傷やその影響のこと」(前掲『物語とトラウマ』一二頁)と述べているように、トラウマとはそもそも言語化しにくいものです。また、外傷性記憶の特性は通常の成人型記憶の特性とは異なり、物語化を拒みやすいという性質をもっています（中井久夫『徴候・記憶・外傷』みすず書房、二〇〇四年、一六一―一六三頁）。

わたしなりに言いかえると、トラウマとは「声をうしなう」経験です。語りたくても語れないというよりも、語るべきものが自分自身から隠されてしまっている。自分自身のなかにありながら、その記憶は箱に入れられ蓋が閉じられ、どこか深いところに埋めこまれており、アクセスできない。そもそも、そのような箱が存在するということを自覚できない。それは日常的にさまざまな症状、あるいは生きづらさとして現れるけれども、何が起きたのか、何を感じたのか、自分自身でもつかみがたいために、「声」にして伝えられない。

そのように語りにくいトラウマをなんとか語ってみたのが、二〇二二年の講義でした。しかし、それで治療的な意味で「物語」が完成したり、固定化したりすることはなかったのです。実際、トラウマ的記憶は「「回想される〈過去〉」として「けり」をつけられず、過去にならない点がその特徴」（岩川前掲書、三四頁）でもあります。むしろ講義をすること――語ること、聞いてもらうこと――を通じて、新たな記憶や語りが呼びおこされる感覚がありました。本章では、講義をひとつの契機として、ゆれうごきながらわたしが「声を探す」プロセスを語り、そのことを通じて、トラウマという共生しがたいものと共生していくことの困難と希望を考えるためのひとつの回路を提供できたらと願います。

回路がひらく――二〇二二年の講義より、語り始めること

大学三年生のとき、わたしはアメリカ合衆国の大学に留学していました。最初はワシントンDCにあるジョージタウン大学にいましたが、学費が高かったことと、ナイーブな好奇心から、南アラバマ州立大学に転校しました。わたしはいまよりなお未熟で、深南部《ディープサウス》の公立大学に通うことが何を意味するのか、しっかりとした想像力を持てないまま、そこに行ったのです。そこはジョージタウンのようなアイビーリーグとはまったく異なる世界で、アジア系学生は少なく、また出身国の構成も東アジアよりも東南アジアに偏っていました。そのような環境において、わたしと親しくしてくれたのが、ベトナム難民の学生たちでした。なかでもわたしに親切にしてくれたのが、Aという男子学生です。

家族や親族とともにアメリカに逃れてきたほかのベトナム人学生とは異なり、Aは独りの境涯でした。毎週末のようにグループで集まり、隣のミシシッピ州にあるビロクシにあるベトナム人の多い地区で一緒に過ごしました。そこの住宅にはエアコンがなく、それは当時のアメリカにおける貧困の一つの象徴でしたが、人びとの様子には活気がありました。そうして一緒に時間を過ごすうちに、Aとわたしとの間には親密な感情が育っていきました。しかし、永住権取得をめざしていたAとは異なり、わたしには日本に帰国する日がやってきました。Aはそのことを怒っていたようです。ある晩、わたしがアパートのドアを開けると、そこにAがいて、わたしのいのちを脅かすような性暴力をふるったのです。

こうしてわたしは「被害者」になりました。わたしの被害は警察に通報されましたが、わたしは犯人が誰であるかを告げず、正式な被害届も出しませんでした。何が起こったのかわからず頭が真っ白だったこともあるでしょうが、わたし自身は被害者であるはずなのに自分に非があったと感じてしまったからです。あるいは、いまでもそう感じています。ベトナム難民という境遇、孤独であるという境遇について、わたし自身の想像力がまったく足りず、Aを傷つけてしまったために、自分が罰を受けたのだと思いました。わたしはそのまま沈黙し、それからは華人系マレーシア人の友人たちによってケアを受けながら、帰国するまでの日々をやりすごしました。

アメリカから帰国したわたしは何事もなかったように大学を卒業し、大学院に進学しました。いま思えば、あのような被害に遭ったことを意識してしまうと生きのびることが難しくなってしまうため、「なかったこと」にしてしまったのでしょう。ただ、そうした痛みは無意識のうちに、わたし自身がもともと抱いていた社会のなかで声を奪われた人びとへの関心を強めることにつながったようです。博士論文では、フィリピンにおける都市最貧困層で、かつ文化的にマイノリティ化された人びとに焦点をあてました。具体的には、ミンダナオ南西部での内戦やその後の治安悪化で難民的性格をもってダバオ市に移住したサマの人びとの生活についてフィールドワークを行いました（青山和佳『貧困の民族誌――フィリピン・ダバオ市のサマの生活』東京大学出版会、二〇〇六年）。キャリアは一見、順調でしたが、理由のわからない不安をずっと抱えたままでした。

二〇一八年五月、わたしは臨床心理学者でセラピストの東畑開人さん（著書に『野の医者は笑う――心の治療とは何か？』誠信書房、二〇一五年、『居るのはつらいよ――ケアとセラピーの覚書』医学書院、二〇一九年など）のカウンセリングルームを訪れました。東畑さんのところに行ったのは、雑誌に連載中だったエッセイを読み、「このひとならわたしにがんばらなくていいと言ってくれるのではないか」とどこか期待したからです。心身の不調について相談相手がほしかったこともあり、話を聴いてもらう経験をしたかったことも大きいです。ただし、このときわたしは具体的に何を相談したいのかまったく不明でした。毎週一回決められた時間と場所で五〇分、東畑さんを相手にこころに浮かんだことを話してみることになりました。そのうちに、あまりにも傷が深いいくつかの出来事についてはこころの奥底に封印しており、面接でも語れないということに気づくようになりました。そのうちのひとつが、アメリカでのあの出来事でした。語ることができないまま、わたしに起きた変調が激しいフラッシュバックです。あの夜に起きたことがあたかもいま起きているかのように突然、それも鮮明に嵐のように想起される症状です。その記憶のなかのわたしは、凍結したように無抵抗でした。

このころ、沖縄によく休みに行くようになりました。ある日、友人に連れられて嘉手納基地を眺めていたときです。ベトナム戦争中、ここから米軍爆撃機B52が直接戦地に向かっていったこと、それを目のあたりにした住民が「また戦争に巻きこまれるのではないか」と恐怖に陥ったこと、あるとき嘉手納基地内でB52が大爆発し近隣住民が負傷したこと（沖縄公文書館「あの日の沖縄　一九六八年一一月一九日」https://www.archives.pref.okinawa.jp/news/that_day/10616　二〇二三年四月一日閲覧）、そういうことを知るにつれて、わたしは最初ぼんやりと、やがてはっきりと、アメリカでのあの出来事を思いだしました。いのちの危機に瀕して仮死状態になったわたしは確かに「被害者」だったけれど、ベトナム難民のAもまた、ベトナム戦争という大きな物語における「被害者」だったのではないか、と。くわえて、東南アジア地域研究者として日本によるアジア諸国の戦争被害を考えたり、教えたりするようにもなり、ときに自分自身の――あるいは、わたしたち人間の――「加害可能性」（花崎皋平『アイデンティティと共生の哲学』平凡社、二〇〇一年）に思考がとらわれて自責的になりがちでした。

二〇二一年の八月、研究会で発表中にその内容が「自閉症的」（わたしは自閉スペクトラム症の当事者でもあります）と参加者のひとりから「批判」されたことがリマインダー（きっかけ）になり、帰宅後にはげしいフラッシュバックに襲われ、あまりの苦しさに自らいのちを危機にさらしてしまう事件がありました。その苦しみの最中に意識を失いながらも恩師と沖縄の友人にメールを打っていたようです。長い眠りからめざめると、恩師からは電話の着信がいくつもあり、友人からは動けるようなら那覇に来るように、と航空券の予約確認書が送られてきていました。哲学者の岩田靖夫は、痛みそのものは無意味であるものの、それに耳を傾けてくれる者とコミュニケーションが始まるときに意味が生まれると言います（「苦しみ――『かなた』への突破」、連載「哲学とはなにか」第一〇回『書斎の窓』、有斐閣、二〇一七年、三七―四三頁）。わたしが痛みを訴える声に応答してくれた声がある。それを聴かなければ、と思いました。

ふらふらながらも那覇に到着し、友人の助けを借りながら、現地のホテルに三週間滞在することになりました。ときおり友人のお母さま（作家・詩人の安里英子さん。著書に『凌辱されるいのち――沖縄・尊厳の回復へ』お茶の水書房、二〇〇八年、『新しいアジアの予感――琉球から世界へ』藤原書店、二〇一八年、『琉球 揺れる聖域――軍事要塞化／リゾート開発に抗う人々』藤原書店、二〇二四年など）が自宅に招いて、何もきかずに手づくりの料理を食べさせてくださり、「ともかく食べればたいていのことは何とかなる」

とほほえんでくださいました。一緒に出かけて、農産物直販所で地元産のナーベラー（ヘチマ）やタイモ（サトイモの一種）を手に入れたり、道端にたくさん生えているエンサイ（空芯菜）を切りとって持ちかえったり、小さな花を見つけて摘んだりする、ゆったりと循環する時間を贈ってくださいました。庭のバナナの葉や地元作家の陶器に盛られた料理を食べるうちに、呼吸が楽になっていきました。

回路をつなげる――二〇二二年の講義で、語りよどんだこと

以上のような講義の後で、受講生の方より「他者の暴力の背景に対する理解と、暴力の肯定は切りはなすべき」という重要なコメントをいただきました。関連して、「他者に対する自分自身の加害性に焦点するあまり、自分自身の被害性を直視できない、ひいては自分自身を肯定できないことについてどう考えているのか」という質問もありました。その場では、「固まる」――これもわたしが抱えている症状のひとつです――ばかりでしたが、息をしっかり吐いて答えなおしてみましょう。まず、後者（自責や罪悪感の強さ、自己肯定感の低さ、そしてそのために日常生活に支障をきたすことがある）は、まさにそのものが、わたしの抱えるPTSD、そして複雑性PTSD――これについては後段で語ります――の症状であるということができます。

前者（加害の背景にあるトラウマ体験と加害行為の責任を切り離す必要性）については、講義後にわたしが知るに至った『トラウマインフォームドケア――〝問題行動〟をとらえなおす援助の視点』（日本評論社、二〇一九年）を参照してみましょう。著者である野坂祐子《さちこ》（大阪大学大学院人間科学研究科教授、臨

床心理士・公認心理師）は、トラウマインフォームドケア（Trauma-Informed Care, TIC）を「行動の背景にある〝見えていないこと〟を、トラウマの「メガネ」で〝見える化〟するものであり、支援における基本的な態度や考え方」（野坂前掲書、二頁）と説明します。また、「TICでは、トラウマによって生じたさまざまな症状や行動化を「病理」や「問題行動」として捉えるのではなく、それらは危機時における正常な「反応」であり、適応のための「対処」であると捉える」（同、七五頁）という考え方をします。

おもに支援者向けに書かれた同書において野坂は、加害者臨床におけるトラウマ理解の重要性を、「加害者に被害体験があったことを想定するだけではなく、どのようにトラウマが加害行為につながったのか、その機序（メカニズム）を明らかにし、それを具体的な教育や介入に反映させることである。被害体験があるからといって、加害に至った理由がわかるわけではないし、責任をとらなくてもよいという免罪符になるわけでもない」と述べ、そのようなTICの視点をもつことで、犯罪の要因を明らかにし、有効な再発防止策を講じることができると述べています（同、一一八―一一九頁）。

この本を読んで私の頭に思い浮かんだのは、ドキュメンタリー映画監督の坂上香による『プリズン・サークル』（岩波書店、二〇二二年）というノンフィクションです。男子刑務所における受刑者同士が聴きあい、語りあう更生プログラム（Therapeutic Community, TC, 回復共同体）について時間をかけて取材した作品です。そのなかに受刑者が埋もれていた自らの傷を語り、仲間が償いとは何かと突きつける場面があります。自らが傷ついた経験はケアされる必要がありますが、それと他者を傷つけた責任は切り分けられるべきなのです。同時に、この作品を通じて、「共存の社会」をめざすのであれば、発想の転換が必要であり、「処罰の文化」を根本的に問いなおし、それに代わる「新たな文化」を想像／想像する必要性が主張されています（坂上前掲書、二八二頁）。

こうした心理教育やノンフィクションに触れると、わたしが事件当時、加害者を名指さなかったことや被害届をださなかったことを悔やむ気持ちも湧いてきます。当時のわたしは、自身の屈辱感や道徳的共同体から見捨てられた痛みをどう癒したらよいかという意識がありませんでしたし、そうした助言を周りに求めることもできませんでした。こうした点を考える助けになる一冊が、米国のフェミニストの精神科医で複雑性ＰＴＳＤ研究の先駆者であるジュディス・ハーマン（Judith L. Herman）の『真実と修復――トラウマ・サバイバーはどのように正義を思い描くのか』（*Truth and Repair: How Trauma Survivors Envision Justice*, Basic Books, 2023.『真実と修復――暴力被害者にとっての謝罪・補償・再発防止策』阿部大樹訳、みすず書房、二〇二四年）です。もちろん、ひとにはさまざまな事情がありますから、被害について無理に語らない自由は尊重されるべきです。一方で、もしも沈黙することを強制している何らかの状況があるのなら、それは不正義であり、社会の問題として対応されるべきです。日本の場合、性犯罪・性暴力被害者のためのワンストップ支援センター（https://www.gender.go.jp/policy/no_violence/seibouryoku/consult.html　二〇二三年五月九日閲覧）がありますので、おぼえておいてください。

講義の後で受講生の方にいただいた質問をもうひとつ取りあげましょう。「意図しない」加害と被害の関係が生じることがある（花崎前掲書）という点に関するものです。そうした状況のもとで、たとえばＸという被害者が苦しんでいて、それがＹという加害者のせいであったとしても、Ｙが自身の加害性に気づかないとき、ＹのＸにたいする応答がどのようにして可能になるのか。ＸはＹの応答がないと、ずっと苦しみ続けてしまうのではないか。加害者意識のない他者の応答をどう引きだすのか。わたしのとりあえずの答えは、XとYとの間で直接解決できないような状況は、わたしたちが生きている現実において、よくあることではないか、応答を引きだすこと自体がとても難しいことが多いのではないか、そのようなときは支援してくれる第三者がいたらよいのではないか、というものでした。とはいえ、第三者につながることに難しさを感じる人も少なくないでしょう。苦しみの嵐のなかにありながら誰にも相談できないと思っていたり、何が苦しいのかわからないという混乱に見舞われていたりするかもしれません。さらなる傷を避けたくて、援助を求めないこともありえます。しかし、そのようにして、ひとりで抱えこんでしまうことは危険です。

だから、なんとか支援してくれる第三者につながってほしいと思います。たとえば、ストーカー、ドメスティック・バイオレンス（Domestic Violence, DV）、性暴力などの被害に遭っているなら警察や相談機関に連絡する、ハラスメントであれば学校や職場の担当者や相談窓口に伝える、身体的に症状がでているなら医療機関に助けを求める、気持ちを聴いてほしい、あるいは何を相談していいかわからないけれど助けを求めたいなら、臨床心理士・公認心理師によるカウンセリングを試してみるのもよいと思います。あなたが学生であるなら、所属先の学生相談室に行ってもよいでしょう。場合によっては、何らかの自助グループに連絡をとるということも考えられるかもしれません。

また、以上に挙げた「支援者」はどちらかといえば専門家に限られてしまいましたが、「支援」という言葉に幅広い意味があるとすれば、より広い人びとを含めて考えてもよいでしょう。宮地尚子は先に引用した『トラウマ』（二〇一三年）において、著名な元精神科医のアリス・ミラーが、子どもが虐待を受けているときに直接介入して支援する人を「助ける証人」と呼び、直接介入しないけれども何かを察知して理解を示す人を「事情をわきまえた証人」と名づけたことを紹介しています（宮地前掲書、八七頁）。「誰かがわかっていてくれる、知っていてくれる、ということは、絶対的な孤独や、加害者との二者関係のみに閉じられること、「外傷的絆」をつくってしまうことを防ぎます」（同、八七頁）。もちろん直接介入は重要ですが、後者のような「証人」になってくれる人の存在も、大きな支えになってくれるものです。わたし自身は後述するような複雑性PTSDの症状もあり、他者とのあいだにそうした関係性を得ることがとても難しかったのですが、カウンセリングを通じて、自分のまわりに「証人」の役割を果たしてくれる人がいることに気づくことができました。

なお、繰りかえしになりますが、わたしたち誰もに、加害する可能性、被害に遭う可能性の両方があるということは、わたしたちは日常生活において被害者（X）と加害者（Y）のどちらの立場にもなりうるということです。そのように考えたときには、加害の責任を加害者Yが負うとしても、その責任をYだけに負わせてよいのだろうかという思いがやはり湧いてきてしまいます。Aもまたベトナム戦争の被害者だったように、社会が果たすべき責任もあるのではないでしょうか。

回路でさまよう──二〇二二─二〇二三年、ケンブリッジから東京に戻って

二〇二二年四月に本講のもととなった講義を終え、五月からわたしはハーバード・イェンチン研究所（Harvard-Yenching Institute）に二度目の滞在をしました。そのさい、三ヶ月分の処方薬を持ちこむに

あたり、念のために主治医の中村暖医師（昭和大学精神医学講座講師）から診断書をいただきました。そこには、「うつ」と「PTSD」、そして「CPTSD」（Complex PTSD, 複雑性PTSD）と書かれていました。複雑性PTSDは、「持続的な虐待やドメスティック・バイオレンスなどのトラウマ体験をきっかけとして発症し、PTSDの主要症状（フラッシュバックや悪夢、過剰な警戒心など）に加えて、感情の調整や対人関係に困難がある等の症状を伴い」、「こうした症状により日常生活や社会生活上に大きな支障をきたす精神疾患」です（国立精神・神経医療研究センター、https://www.ncnp.go.jp/topics/2022/20220608p.html　二〇二三年五月九日閲覧）。

中村医師とは二、三週間に一回、一〇分ほどの診察を受けるぐらいでお会いする頻度や時間は少ないのですが、投薬で心身を整えてもらう——睡眠や食事をとれるようにすること、感情の激しい波、自傷行動やフラッシュバックへの対処や、日常生活についての助言や治療の見通し——とくに複雑性PTSDについては（わたしが専門機関での治療を選ばなかったこともあり）時間がかかるというシビアな見通し——をていねいに説明してくださったことは大きな助けになっています。こういうときも、わたしは、いったんは治療につながったものの、その治療を自ら断ち切ってしまい、あるいは家族により断ち切られてしまい、自死に向かっていったふたりの親戚のいたましさを思わずにはいられません。

初夏のケンブリッジ・ボストンは緑がきらめき、ラベンダーが咲き、リスやウサギが走り、歩いていると自分も青空のどこかに溶けこめたかのように安心できるひとときがおとずれる……というのも本当のことでしたが、次第にわたしは精神的に追いつめられていきました。ひとつは、二五年間、取りくんできたサマ研究を続けられなくなったことです。新型コロナウイルス感染症の流行が契機となり、調査地の人びとから寄せられる支援の依頼にうまく対応したり、交渉したりすることができず、こころが折れてしまいました。研究者として人間として倫理をまっとうできていないのではないか。消えてしまいたい。そういう「気分」が続くと自殺企図してしまう危険があることは自覚していたので、沖縄の友人にSNSで気をまぎらわせてもらったり、オンラインで続けていた心理療法で話しあったり、信頼のおける編集者と文章のやりとりをしたり、美術館――ボストン・ケンブリッジはミュージアムの宝庫――で作品と静かに対話したり、あるいは狂ったように音楽を聴き続けたりすることで、日々の呼吸をつないでいました。

わたしのキャリアは履歴書上では順調で恵まれた境遇にあるといってよいものです。にもかかわらず、わたしはずっと「消えたい」と感じてきました。それは、「〈世界〉のどこにも居場所がない」という感覚であり、その底には、自身の存在について誰にも無条件に肯定してもらったことがないという、ひっそりと静まりかえって寂しい情景がありました。ハーバード・イェンチン研究所での最初の滞在（二〇一三―二〇一四年）のさいに、現地の心理セラピストに「自分がいちばんほっとできる情景を思い浮かべてみて」と指示され、「草原にひとりで立って風に吹かれているとき」と答えたことがありました。「ひとりぼっち」な感じがつらいと書いておきながら、「ひとりで立っている」ことで安堵するとは一見矛盾するようですが、前者は孤立で後者は自立です。このギャップに、わたしのさまざまな症状の背景にあるトラウマにアクセスする鍵があるかもしれません。それは、生育過程を通じて「安心や安全が守られていない環境」（逆境、adversity）（アリエル・シュワルツ『複雑性PTSDの理解と回復』野坂祐子訳、金剛出版、二〇二二年、六八頁）を体験してきたことに関係しています。

わたしの複雑性ＰＴＳＤは、精神医学的・心理学的に言えば、「逆境的小児期体験（Adverse Childhood Experiences, ACEs《エース》）に起因するものです。ＡＣＥｓとは、一八歳までに遭遇したトラウマを引きおこす可能性のあるさまざまな逆境体験のことで、これらを「幾種類も経験するほど、神経発達不全や社会的・情緒的・認知的障害のリスクが高まり、生涯にわたって心身の健康や社会適応に悪影響を及ぼす」ことが示されてきました（野坂前掲書、六九頁）。ＡＣＥｓに含まれる項目は、たとえば、「繰り返し、身体的な暴力を受けていた」「繰り返し、心理的な暴力を受けていた」「アルコールや薬物乱用者が家族にいた」「母親が暴力を受けていた」「家庭に慢性的なうつ病の人がいたり、精神病を患っている人がいたり、自殺の危険がある人がいた」「両親のうち、どちらもあるいはどちらかがいなかった」「家族に服役中の人がいた」「親に無視されていた」「親に食事や生活の世話をしてもらえなかった」「性的な暴力を受けていた」などが挙げられます（同、表1、六九頁）。「ＡＣＥｓ体験は稀なものではなく、一般に過半数の人が一種類は体験しているほど、広く社会で起きている出来事」ですが、さまざまな種類のＡＣＥｓを重ねると精神疾患や身体疾患の有病率が高まり、社会的不適応の問題や早期の死亡につながります（同、六九―七〇頁）。

上記に挙げたＡＣＥｓの項目で、わたし自身が該当するのは六つです。同書では、「四つ以上該当する人は、ＡＣＥｓ体験のない人に比べて自殺リスクが十二倍に跳ね上がる」（六九頁）とあり、それを読んだとき、さもありなんと胸骨のあたりが痛みました。わたしは心理療法を受ける前までは自身がトラウマを抱えていることに気づいておらず、「ごく〈ふつう〉の家庭に育った」のだし、「〈客観的〉にみて、いまのわたしは社会的にも経済的にも恵まれた境遇にあるのだから、弱音を吐いたりしてはいけない。しんどいこともセルフマネジメントして〈責任〉を果たさないといけない」と思ってきたのですが、こうしてみると「よく生きてきましたね」――とあるとき、セラピストの東畑さんが言ってくれたように憶えているのですが――という言葉を自分自身にかけたい気がしてきます。

またわたしの場合、いくつもある小児期トラウマのなかでも比較的、記憶にアクセスしやすく、声にして伝えやすいのは、家族から日常的に暴力を受けていたこと、アルコール依存症をもつ親族がいたこと、精神疾患をもつ親族がいたことなどなのですが、もっともしんどいことは記憶にアクセスしにくく声にもしにくいという感覚があります。そのうちのひとつが、養育者の気分や態度が予測不可能で一貫しておらず、わたしが世話を求めると極端に世話を焼くこともあれば、わたしのニーズがまったく無視されることもあり、それどころか存在そのものをなかったかのように無視されたり、あるいは身体的暴力をふるわれたりすることが「日常」だったことです。そのような日常を通じてわたしが学習したことは、自分の感情、とくにネガティヴな感情を表出しない、こころと身体を凍らせてにこにこしている、不条理なことであっても絶対に逆らわないということでした。

もうひとつは、ACEs概念がすでに当てはまらない一八歳以降もごく最近まで続いた／いることとして、養育者による「情緒的ネグレクト（emotional neglect）」（支配の一形態で、子どもの人生を奪う）があります。具体的にどういうことをされてきたのかについては説明しがたい――わたしのなかに強い罪悪感と屈辱感があり、これまでの人生をすべて否定したくなってしまうから――のですが、わたしが決めるべきこと（たとえば、進路、結婚、交友関係、就職先の選択など）について、すべて先回りしてしまう、わたしが悩むべきところで悩む時間を与えず、わたしの不安や心配を回収していってしまうというようなことです。わたしは自分の声をもつ存在として大切にしてもらえませんでした。教育を受ける機会には恵まれて、一見したところ「新自由主義市場経済で戦える装備のある、かつ〈おとなしい＝反射的に従順な〉女子 made in Japan」に仕上がったものの、「わたしは何も選べない、何がしたいかわからない」というむなしさを抱えて荒野をさまよっている感覚がぬぐいきれません。

複雑性PTSDは、なかなかてごわい疾患です。あたまでは、いまここは安全で、わたしには自由があるとわかっているのに、こころと身体にふりまわされて、気づけないままにいのちを危険にさらしてしまうことがあります。一方で、気持ちが前向きになっているときには、時間をかけて「安全な関係性」を体験し、社会のなかで症状を改善していけたらと願う自分が現れることもあります。

むすびにかえて

ここまで、二〇二二年四月一五日におこなった「共生をめぐる小さな自伝的物語り――被暴力経験とその後」と題する講義の語りなおしをしてきました。トラウマという語りたくとも語りがたいなにかを、うしなった声を少しずつとりもどしながら、那覇―東京―ケンブリッジ・ボストン―東京―那覇とさまよいながら、なんとか言葉として紡ごうとした試みで、なんといったらよいでしょう、ひとつの「遺書」を書き終えたような心境です。単回性トラウマと長期反復性トラウマにより、こなごなに砕け散ったたましいを拾いあつめて、悲しみいたみ、死を受け入れる。

わたしはじっさいに、「亡くなった自分自身」を埋葬したくて、最初のケンブリッジ滞在中に、断片的な記憶を頼りにグーグルマップを使って、アラバマ州モービルのオールドシェル・ロードにある、あの事件現場となったツイン・オークスというアパートを探し当て、そこを訪ねる計画を立てたことがあります（東京大学への就職内定にともない忙しくなり、中止しました）。その後も、めちゃくちゃに破壊されてそこに倒れているわたしをわたしが抱きあげて、ちいさな緑の墓地にひとりで葬り、ささやかな椿の花束を手向ける……という一連の儀式をこころのなかで数えきれないほど繰りかえしてきました。同じような被害に遭った無数のたましいをもとむらいながら。

「うしなった声をとりもどしながら」と書きましたが、そのためには、象徴的な意味で、自分自身の存在が喪失されていること、死に果ててしまっていること、より強く言えば、殺されてしまったことをきちんと確認する必要があるように思います。その暗澹たる淵をのぞきこむことで、暴力を振るわれたくなかった、大切にされたかった、生き延びたかったという自分自身のもうひとつの声をかすかに聞きとり、生きている自分の息をつうじて、ほそぼそと、ときには沈黙しつつ、発語しようとする。

そういうプロセスを、研究室で、診察室で、カウンセリングルームで、三四郎池のほとりで、カフェや図書館で、美術館や劇場で、ベッドやキッチンやバスルームで、飛行機や電車のなかで、ときには意識的に、ときにはそうでなく、ときには夢のなかで、ときにはひとりで、ときには誰かとともに、いとなみ続ける。疲れきってしまっていても、自分の痛みだけに気をとられないように、他者――人間だけではなく――の痛みにこころを向けられるようにと祈りながら。それが、いまのわたしにとっての「トラウマを生きる」ということです。

わたしは、本章をフェミニストの倫理学者・心理学者のキャロル・ギリガンのいう「声」に関するつぎのような言葉で締めくくろうと考えていました。

声を持つことは、人間であることです。言うべきことがあることは、ひとかどの人間であることです。しかし、語ることは、耳を傾けたり聴いたりすることなしには、ありません。語ることは、関係的な行為の極みなのです。〔……〕声とは、人が自己の核について語るときに意味するものに似た何かを意味しているつもりだと、私は答えます。〔……〕そして声は、強力で心理的な楽器にして回路であり、内部世界と外部世界とをつないでいるのです。語ったり耳を澄ませたりすることは、魂が呼吸する一つの形式です。

（キャロル・ギリガン著、川本隆史、山辺恵理子、米典子訳『もうひとつの声で──心理学の理論とケアの倫理』風行社、二〇二二年、二六─二七頁）

しかし、この言葉に共感する自分がいるいっぽうで、この言葉は強すぎると感じてしまう自分もいます。わたしが思い浮かべているのは、小説家・詩人として水俣病に関する活動をおこなってきた石牟礼道子の『苦海浄土』（池澤夏樹個人編集、世界文学全集第三集、河出書房新社、二〇一一年）と『椿の海の記』（池澤夏樹個人編集、日本文学全集二四『石牟礼道子』、河出書房新社、二〇一五年所収）、そして、水俣病患者（被害者）の救済に一生を捧げた医師・原田正純の『水俣病は終わっていない』（岩波書店、一九八五年）です。いのちとしての尊厳を奪われ、破壊されたり、苦難を背負わされたりしたのに、その苦しみや悲しみを声にまったくしえない、しえたとしても切れ切れで届かない。聞こえない声にこそ耳を澄ませていく。そういう回路を開いていくことを忘れてはいけないと感じています。そういうことを、わたしは学問から教わりました。

わたしの声に耳を澄ませてくださり、ありがとうございました。

読書案内

まず、「トラウマ」について語ることの可能性、そして語る者（被害当事者、支援者、代弁者、家族や遺族、専門家、研究者、傍観者など）のポジショナリティの問題に正面からとりくんだ書物として、宮地尚子『環状島＝トラウマの地政学』（二〇〇七年、みすず書房）を読んでほしいです。複雑性トラウマの概念を提唱したジュディス・ハーマン著、中井久夫・阿部大樹訳『心的外傷と回復〈増補新版〉』（みすず書房、二〇二三年）、および現時点での最新作である Herman, Judith L. *Truth and Repair: How Trauma Survivors Envision Justice* (Basic Book, 2023, 邦訳は『真実と修復——暴力被害者にとっての謝罪・補償・再発防止策』阿部大樹訳、みすず書房、二〇二四年）を読むと、心的外傷からの回復の三段階（＋最新作では四段階）を知ることができます。また、日本においてトラウマ概念が知られるようになった契機として、精神科医であり、一九九五年に神戸市で阪神・淡路大震災に自らも被災しながら、救護活動を行い、大規模災害下のさまざまな精神状態について発信を続けた安克昌が遺した『心の傷を癒すということ——大震災と心のケア（新増補版）』（作品社、二〇二〇年）という重要な書物が挙げられます。

小児期逆境体験（ACEs）があり、精神症状や身体症状、社会的不適応に悩んでいるときにもできることはちゃんとあります。子どもの頃に負ったトラウマといかに共生するか探るには、心理療法家からセラピーを受けることが個人的にはまずおすすめですが、たとえば、本文中で引用したアリエル・シュワルツ『複雑性PTSDの理解と回復』（野坂祐子訳、金剛出版、二〇二二年）のほか、ピート・ウォーカー『複雑性PTSD——生き残ることから生き抜くことへ』（牧野有可里・池島良子訳、星和書店、二〇二三年）が挙げられます。ただし、これらの書物は米国での臨床実践に基づいています。現代日本の文脈で家族にまつわるトラウマの理解と回復を考えるのであれば、フェミニストで臨床心理士・公認心理師の信田さよ子による一連の著作が参考になるでしょう（たとえば、『家族と国家は共謀する——サバイバルからレジスタンスへ』角川書店、二〇二一年）。また、トラウマティックな事件があり、専門家による援助が終わった後をいかに生きるかに関する当事者研究として、上岡陽江＋大嶋栄子『その後の不自由——「嵐」のあとを生きる人たち』（医学書院、二〇一〇年）もおすすめです。

トラウマをめぐる感情的なこころの動きとは別に、人文社会科学者としてのわたしの問いは、わたしの養育者という「個人」をして「子どもを虐待するような状況に追い詰めた戦後日本社会の文脈とはいかなるものか」というものでした。そのため、フェミニストで社会学者の落合恵美子による『二十一世紀家族へ——家族の戦後体制の見方・超え方（第四版）』（有斐閣、二〇一九年）、教育社会学者の本田由紀による『社会を結びなおす——教育・仕事・家族の連携へ』（岩波書店、二〇一四年、「戦後日本型循環モデル」を提唱）、竹島正、森茂起、中村江里を編者とする『戦争と文化的トラウマ——日本における第二次世界大戦の影響』（日本評論社、二〇二三年）などに加え、ケアの倫理に関するさまざまな書物（たとえば、ジョアン・C・トロント『ケアするのは誰か？——新しい民主主義のかたちへ』岡野八代訳、白澤社、二〇二〇年など）を読みふけっていました。わたしは、養育者もまた「大きな物語」の犠牲者であると理解したかったのでしょう。

二〇二四年三月一八日にご逝去された沖縄在住で作家・詩人の安里英子さんのご冥福をお祈りし、本講を安里さんに捧げます。

第2講

先住民族との共生

張 政遠

ちょう・せいえん●東京大学大学院総合文化研究科教授。一九七六年香港生まれ。二〇〇七年東北大学大学院文学研究科博士課程修了。博士（文学）。専門は日本哲学。著書に『西田幾多郎――跨文化視野下的日本哲学』（台湾大学出版中心）、『物語與日本哲学――哲学的民俗学転向』（五南出版）、共著に『文学・哲学・感染症――私たちがコロナ禍で考えたこと』（論創社）、翻訳に張燦輝『香港存歿――自由と真実に関する一考察』（論創社）などがある。

共生とは

私は香港生まれ香港育ちで、大学時代は香港中文大学で哲学を学びました。二〇〇〇年から二〇〇七年まで、仙台にある東北大学に留学し、日本哲学を研究しました。博論は西田幾多郎について書きました。一番関心を持っているのは「他者」問題で、西田に「私と汝」という論文があるように、これは非常に重要な哲学問題だと私は理解しています。最近、和辻哲郎の『古寺巡礼』から示唆を得て、「巡礼」を実践しておりますが、現場でいろいろなものを見るだけではなくて、いろいろな物語を集めることもやっています。学生時代の指導教員だった野家啓一先生の著作に『物語の哲学』という本がありますが、以前はまったく理解できなかったところが、最近ようやくわかったような気がします。

先住民族について、私はまったく門外漢ではありますが、数年前から、アイヌの風土ということについて考えています。「風土」は、ご存じのとおり和辻哲郎の非常に重要な概念ですが、フランス人の学者、オギュスタン・ベルクも『風土の日本』という本を出しています。ベルクは、北海道のことをよく知っていましたから、その本の中にもアイヌの話が出ています。今日は先住民族との共生について一緒に考えたいと思います。

日本哲学と言えば、井上哲次郎という哲学者がいまして、彼が編集した『哲学字彙』という事典の中に、「Coexistence＝倶有《ぐゆう》」という言葉がありました。この事典は彼が作ったものではなくて、英語の哲学事典を日本語に訳したものです。井上は漢文に通じていたので、漢文からいろんなインサイトをもらって訳語を発明したわけです。倶有という言葉は仏教の倶舎論あるいは杜甫の詩に由来しています。倶有というのは、例えば三本脚のテーブルの一本の脚がなくなるとテーブルとして機能しなくなります。それがCoexistenceあるいは共生という意味になります。

最近、日本ではエスニックハーモニーという言葉が使われています。例えば、『Sustainable Japan Magazine』という英文紙に、「Ethnic harmony: The culture of the Ainu」という記事がありました。そこでは、ハーモニーという言葉が重要な意味で使われています。ハーモニーと言っても、これは共生の意味ではないと私は思います。共生の場合においては、いろいろな葛藤がありまして、ハーモニーになっていない状況がしばしばあります。また、「先住民族」はindigenous peopleの訳語ですが、これは自明な概念ではありません。何がindigenousなのか、あるいは私の周りに実はindigenous peopleがいる場合、彼らとの共生のあり方とは何であるのか、共に生きていきたいという思いがあったとしても、まったく異なった民族の間にハーモニーがはたしてありうるのか、などが問われます。

抽象的な議論ばかりでは、わかりづらい話になりますので、台湾、メキシコ、日本の三つの具体例を取り上げたいと思います。

さて、indigenousについて、国連の「Indigenous and Tribal Populations Convention」という文書があります。一九五七年には既にいろいろな規定がありました。例えばindigenous peopleと言えば、独立国家において社会的・経済的な条件がよくない集団を指します。アイヌはこの定義に当てはまると私は思います。また、もう一つの定義としては、後に入ってきた民族に比べてless advanced stageにおかれている、というものもあります。

しかし、この文書にはpeopleという言葉はありませんでした。Indigenousは一般にはいわゆる「先住性」の意味で使われ、あるいは台湾では「原住性」と訳される言葉ですが、実際にindigenousと言われている人々は、どのような人間なのでしょうか。台湾の話の前に、私の出身地である香港の例を簡単に紹介しておきます。

香港には「基本法」という法律があります。憲法のようなものですが、その中に、「新界原住民」という概念があって、彼らの合法的な伝統的権益は香港特別行政区の保護を受けているという条目があります。ところが、それはindigenous inhabitantsという言葉があてられていて、peopleではないのです。香港では、恐らく意図的にindigenous peopleが存在せず、ただindigenous inhabitantsは存在する、というふうに使われていると思います。いずれにしても、彼らはやはりいろいろな権益（例えば土地を持つ権利）を主張しているので、政府が彼らの権益を保護するということです。

「新界原住民」の「新界」という言葉は、英語ではNew Territoriesになります。香港は香港島、九竜半島、そして新界という三つのエリアがあって、新界の北に入ると、中国の深圳《しんせん》と隣接しています。新界には多くのindigenous inhabitantsが住んでいます。彼らは大きく三つのグループに分けられていて、一番目は客家人《はっか》といいます。実は台湾にも同じ客家人のコミュニティーがあります。私が以前住んでいた西貢のカントリーパークの中に、客家の村がありました。野菜を作ったり、潮干狩りをしたりして暮らしていた客家人は農業に詳しく、田んぼも作っていました。

点在する村々に住んでいる客家に対して、二番目の囲頭人《わいたう》という原住民がいます。囲頭人の多くは、いわゆる元朗あたりの平地に住んでいます。山があっても、それほど高くありません。囲頭の「囲」

には、囲まれるという意味がありまして、集落の周りに城壁みたいなもの、つまり高い壁が作られて、山賊から自分の家族を守るという習慣があります。彼らは囲頭話という、客家語とは違う言葉を持っています。

三番目は、蜑家人《だんかー》といいます。香港にはいろいろな島があります。島々には、いわゆる水上人、つまり漁師、漂泊民という人々がいて、彼らは土地を持っていません。船の上に住んでいて、漁などをして生活する彼らは、原住民とされています。現在では、船に住んだまま生活する原住民はもういなくなり、彼らのほとんどは上陸しました。この間、香港では珍寶海鮮舫と海上レストランが撤去されたんですけども、大体、香港仔というところ、あの辺が、昔ながらの漁師の町なので、蜑家人がたくさんいました。

彼らは法律に守られた丁《でん》権という権利を持っています。「丁《でん》」は男性の子孫のことです。新界に住んでいる人々は、伝統として丁権を持っていると主張していて、男性の子どもが生まれたら、成長すると土地を持って、「丁屋」つまり「丁の家」を作る権利があると言うのです。当時のイギリス政府はとても困りました。男性の子どもが生まれたら丁屋を作るための土地を分配しないといけないからです。しかし、イギリスはそれを認めました。香港が中国に返還された後も、今の香港特別行政区政府も丁権を認めています。しかし、残念ながら、この権利は乱用される場合があります。丁権があると言って土地をもらっても、結局、家を建てて不動産会社に転売してしまう場合があるのです。三階建ての一軒屋の新築丁屋で、五億円ぐらいの価値があり、膨大な利益になります。

これは本当に伝統なのでしょうか。彼らの権利を守ると言われても、それは実は伝統ではなくて、植民地時代にできた法律で、香港特別行政区政府がそれを継承しただけです。別の問題点としては、女性にはこういう権利はありませんでしたし、今もありません。さらにもう一つ重要な問題は、原住民です。原住民族とは言われません。私の理解では、香港にはエスニックマイノリティーズ、つまり少数民族がいます。例えば香港には、フィリピン人、インドネシア人、ネパール人、日本人も含めていろいろなエスニックマイノリティーが住んでいますが、彼らは原住民ではありません。原住民のindigenous peopleがいる場所を実際に見たほうがわかりやすいでしょう。早速ですが、台湾の話に入りたいと思います。

台湾の場合

法律の側面から見ますと、台湾には「原住民」として認められている一六部族の住民族がいます。アミ族やタコロ族などの漢民族ではない民族がいます。面白いことに、台湾にはもちろん、客家のコミュニティー、つまり客家人がいますが、客家人は原住民(族)として認められていません。台湾の地下鉄では、北京語、台湾語、客家語、英語のアナウンスがありますが、客家語は原住民族の言語としてカウントされていないのです。香港では原住民と言われている客家人が、台湾では原住民族ではありません。客家は中国から入ってきて台湾の中南部に住んでいますが、例えば高雄の近くには、美濃というところがあって、まさに客家文化がすごく盛んです。しかし、彼らは原住民族ではありません。つまり、客家人が来る前には既にこの島の上でいろいろな原住民族が暮らしていたわけです。

「先住民族」という言葉が客家人に対して使われていない理由は、その言葉には、先に住んでいて、今はもう住んでいないというニュアンスがあるからです。

原住民族に関しては、数年前、台湾の蔡英文総統（当時）が、原住民族に謝罪したということがありました。なぜ謝罪したかというと、原住民族が、例えば今までの台湾の歴史の中であまり重要視されていなかったからです。彼らの存在自体が忘れられていたからです。例えば『台湾通史』という本があります。その本の中では、オランダ人が近代文明を啓蒙し、鄭和という人が台湾を建設し、清王朝が引き続き経営する、というように、あたかも原住民族がいなかったような語り方がなされていました。原住民は、実は数千年前からこの島に住んでいたのに、多くの台湾人は彼らのことに何も関心を持たなかった、あるいは意図的に彼らのことを書かなかった、という問題がありました。今パワーポイントに映している写真の中に孫大川という人物がいます。彼のことは後に紹介します。蔡総統が先住民族に謝罪した内容は、他には例えば先住民族の土地に勝手に核廃棄物を置いたことや、彼らの言語を意図的に継承できないようにする政策を取ったことなどがあります。

もう一つ重要な歴史があります。それは台湾と日本との関係についての歴史です。一八九五年から一九四五年まで、日本は台湾という島を統治しました。『民俗学・台湾・国際連盟 柳田國男と新渡戸稲造』によれば、台湾は日本が最初に獲得した植民地であり、日本が国内に抱え込んだ異文化だったということですが、後で紹介する北海道がもしかしたら日本が最初に獲得した植民地だったかもしれません。しかし、この本には非常に重要な問題提起があります。つまり新渡戸稲造と柳田國男、この二人と台湾との関係を紹介したことです。新渡戸は技師の身分で、一年に満たない期間ではありSee

が、台湾の総督府で働きました。柳田國男は官僚として台湾で仕事をしたわけではありませんが、台湾を巡ったことがあります。柳田は後に日本でいろいろな民俗学的な研究をしていて、著作には、例えば「九州南部地方の民風」というエッセーがあります。その中で彼は、日本語にはなかった言葉を意図的に使用しました。隘勇線《あいゆうせん》という言葉です。

皆さんは隘勇線という言葉を聞いたことがありますか。柳田國男は、私が知っている限りでは何カ所か、隘勇線という言葉を使っています。九州とか東北方面のことを指して使っています。隘勇線より中に入ると平地では考えられないものが存在するというような言い方で、柳田國男は境界線の意味で使ったのです。

隘勇線は台湾にあった言葉です。台湾の文化部のウェブサイトではこのように説明されています。隘勇は今で言うと、警備のことです。つまり、これから暴動の発生が予想されるので、警備体制を敷いてバリケードを作る、それが隘勇の元々の意味です。台湾にはこのような隘勇が数多くありました。台湾は実際に隘勇制度、つまり漢人が山の奥や、里と山の境辺りで警備をするポイントを作りました。

柳田國男は隘勇線という言葉を意図的に使っていましたし、もしかしたら実際に隘勇線の奥には山人がいたかもしれません。こういう隘勇線は、実は原住民族と漢民族の境です。原住民族は、平地にもちろんいますが、山にもいます。彼らを指して使う差別用語が、「生蕃《せいばん》」です。漢民族は、彼らを恐れて、自分の財産や田んぼ、畑を守るために線を引いたのです。あたかも、野生動物に対するような仕方です。漢民族から言えば、原住民族は自分にとって危険な他者だということです。

しかし、はたしてどうでしょうか。先ほど蔡英文総統が原住民に謝罪をした話のところでも触れた、孫大川という人物がいます。『夾縫中的族群建構』という本の著者です。彼は元々原住民族で、漢字名は後に当時の政府の要求で作ったものです。彼の本来の名前はPaelaban Danapanです。これは非常に重要なことで、つまり原住民族は自分の言語とその言語で表記される名前を当然持っているわけです。アイヌ人も、日本語の名前で戸籍に登録されている場合が多いのですが、台湾では今は漢字なしで登録できるようになりました。名前も自分の権利の一部である、台湾では、今はそう考える風潮になっています。

孫の本の中には、当時、日本の人類学者が山奥に入って台湾の原住民を研究したことが書かれています。有名なのが、鳥居龍蔵です。彼は日本の人類学者で、台湾の山や海などのいろいろなところに出掛けて、原住民の歴史や文化を記録しました。しかし、台湾の原住民族の目から見れば、こういう人類学者は、原住民族自身の歴史には関心がなく、書かれた原住民族は、せいぜい学問的存在にすぎなかったのです。

こういう記録も残されています。当時の台湾では、山間部の旅よりも平地の旅のほうが日本人にとっては危険でした。なぜかというと、平地には、日本の統治を非常に嫌っていた福建人・広東人が住んでいて、山賊が多かったからです。しかし、山に住んでいる原住民族は、明清の時代から漢人と戦ってきた人たちで、日本人が突然台湾にやってきたことで、日本の台湾統治に大きな期待を寄せていました。だから、山間部の旅は日本人にとってはあまり危険ではなかったという記録が残されています。

孫大川、Paelaban Danapanは日本語もできて、日本に強い親近感を持っていましたが、日本の統治には、いいところもあれば悪いところもある、それをよく理解していました。例えば皇民化政策に基づいた日本語教育にはもちろん悪い面もありましたが、原住民族にとってはいい面もありました。つまり、日本語は彼らにとって初めての書き言葉であり、初めての共通の話し言葉でもありました。日本語を使うことで、原住民族同士が初めて互いに理解し、話し合うことができたのです。それが新しいコミュニケーションの発信手段や道具として、認められたわけです。

もちろん、日本統治下では、さまざまな暴力事件もありました。太平洋戦争の後期には、原住民族を利用して愛国心を宣伝するようなプロパガンダ映画もありました。しかし、いろいろな悪い面があったとしても、原住民族は次のような理解を共有しています。日本の統治時代は一九四五年で終わり、後に入ってきた国民党の人たち、いわゆる「外省人」による台湾の統治がはじまりました。これが原住民族にとってより壊滅的だったと、孫は書いています。ですから、日本時代がとりわけよかったとは言わないにしてもまだ悪くなかったというわけです。

原住民族の言葉が急速に失われたのが、まさに国民党の統治時代です。国民党のほうが社会構造、習慣を完全に破壊したわけです。日本人はこれらを破壊するつもりまではありませんでした。つまり、日本語を勉強し皇民化することを強要しましたが、原住民族の文化と言語は残すことができました。一方、国民党の統治下で、特に山地平地化という政策、つまり山の生き方ではなくて平地と同じ生き方を強要し、山では山本来の農産物ではなくて、例えば「高麗菜」(キャベツ)という平地の野菜を作るというような政策がはじまると本当に壊滅的になったわけです。つまり、平地化が問題だったのです。

言い換えれば、これは同化（アシミレーション）の問題になります。結論から言いますと、つまり台湾の場合、この数年間でいくつかの進歩と発展がありましたが、原住民族の実情をよりよく理解するまでには至っていないんですね。原住民族については、ステレオタイプ的な理解にとどまっていて、本当の他者の認識はまだできていないのが現状です。

より深刻な問題は、本来、台湾の「私」であった原住民族が、日本の皇民化あるいは国民党の平地化などの政策により、自分の文化や言語を急速に失ってしまって、今は「他者」、つまり台湾では一番力のない民族として差別の対象になってしまったことです。

コロナ前に台湾の花蓮というところを巡礼しました。花蓮に吉安という地名のところがありますが、ここは以前は吉野という名前でした。さらにその前はCikasuanという地名でした。このCikasuanに住んでいたアミ族は日本からの移民が入ってきた際に、日本の警察と衝突してこの土地から追い出されました。

現地を実際に見てみると、例えば、拓地開村と書かれたものがあって、これは神社の灯籠の跡です。台湾はこういうものをよく保存しています。台湾の重要な歴史だからです。これらの場所を私たちは巡礼することになります。

この花蓮の村には日本からの移民が来たという話をしましたが、その中には四国からの移民が多かったので、空海のゆかりのある慶修院というお寺がありました。四国遍路もできるのです。また、さらに日本の軍隊が、後に空港を建設した際には掩体壕《えんたいごう》を作り、原住民たちは飛行機を引っ張ったりする仕事を強いられました。現在はこの掩体壕は公園の一部となっています。

花蓮で一番印象に残ったのは、アミ文化村でした。日本からの三人の先生と私を入れて四人で行ったんですけども、その日、アミ文化村に行ってみたら、私たち四人しかいなかったのです。アミ族のダンスを一緒に踊りましょうと言われて、二人は絶対嫌だと言ったので、私ともう一人の先生と一〇人くらいのアミ族ダンサーたちで一緒に踊りました。すごく恥ずかしかったのですが、これで原住民族の文化を本当に守っているかというのは非常に疑問に思いました。

たまたま次の日の朝に山の方へ行ったときに、途中でアミ族とタロコ族の共同祭を見ました。この祭りは文化村のパフォーマンスではなく、生き生きとしていました。つまり、原住民族、先住民族との共生とは何かというと、文化村でのテーマパーク的なものではなくて、彼らの祭りや彼らの今までやってきた文化を自分のコミュニティーで継承すること、それこそが共生の形ではないかと思いました。

さらに、原住民族については漢人との関係が悪いということが気になりました。実際にこの原住民族の町を回ると、例えばいろいろな教会がありまして、お墓もキリスト教式のものが数多くありました。原住民族は、国家による同化を強制されただけではなくて、実際には宗教団体も入ってきて、彼らとの共生のあり方を模索していたはずなのです。

メキシコの場合

この話が、実はメキシコにつながります。私はコロナ禍の前に二回ほどメキシコに行ったことがあります。メキシコはあちこちに文化的シンボルが置かれています。聖母の光がついているような窓がいろいろなところにあります。鶴見俊輔の『グアダルーペの聖母』という本にも書いてありますように、このグアダルーペの聖母というシンボルがメキシコにとって非常に重要な意味を持っていることをここでは指摘しておきます。

鶴見は一九七二年にメキシコに行っていました。彼が気を留めたのは、白人ではない、貧しいメキシコの人たちが——これは非常に変な言い方、差別的な言い方だと思いますが——グアダルーペへ巡礼したことです。異教の踊りをさせる力を持つグアダルーペの聖母とは何でしょうか。鶴見の見ていた時代も今もそうですが、グアダルーペの聖母がメキシコという国のシンボルになるとは、一体どういうことでしょうか。

伝承によれば、ある人が、自分の村でキリスト教の聖母の姿を見ました。このような、聖母が現れたという伝承は世界各地にあります。しかし、ここで重要なのは、この聖母は先住民族的な姿をしているにもかかわらず、自分が聖母だと言い切ることです。諸説ありますが、おそらく、「グアダルーペ」という言葉はアラビア語に由来していて、本来はほとんど「テクアトシューペ」に近い言い方だったかもしれません。重要なのは、スペインとは元々無関係な女神が聖母としてメキシコのとある丘に出現したことです。先住民族とスペイン人が出会ったために、何らかの混交が起こって、このような伝承がつくり出されたのでしょう。

スペイン人の神父は、結局その目撃談を聖母の現れとして認めました。もちろん、本当に聖母かどうかはわかりませんが、それを認めたことによって、先住民族もキリスト教徒になれると認められたことになります。先住民族も、自分たちと同じように ens creatum つまり、神が創造したものである。これはある意味では同化の物語です。しかし、現地の人は、これがとても重要な出来事だと考えました。これで初めて自分たちももともと持っていた文化と、新しく入ってきた植民者の文化とを一緒にすることができた、これが新しい共生の仕方だとわかったのです。だから、対立するよりも、こういうシンボルが出たことによって——同化という形にはなりますが——自分たちのメキシコ人としてのアイデンティティを作り出し、そのアイデンティティの源に聖母の伝承を据えたのです。

メキシコの国立人類学博物館にはいろいろな展示がありますが、違和感を覚えたのはやはり先住民族とキリスト教についての展示です。なぜ彼らは自分の国のアイデンティティの拠り所を、例えばマヤ文化とかそういうものではなくて、むしろヨーロッパ人が持ちこんだものにしたのでしょうか。彼らは自分たちの言語を持っていたはずです。ピラミッドのような本当にすばらしい文化遺産があるにもかかわらず、なぜそれでなくて、グアダルーペの聖母で国のアイデンティティを作ったのでしょう。そのことが私には理解できなかったのですけれども、よく考えてみると次のような結論が出ました。

カナダ経由でメキシコへ行ったときに、退屈だったので飛行機の窓から外を眺めました。ちょうどアメリカとメキシコの国境に当たる所を通過したときのことです。壁のことを想像しました。先ほど話した囲頭という壁のことを思い出してください。自分の町や自分の住んでいるところにわざわざ高い壁を作って、よその人間が入れないようにするとします。しかし、それにも実は無理があります。つまり、壁を作ったとしても、私たちはこの壁を越えないといけないし、いろんな他者と交流しないといけないのです。共生のあり方としては、壁を作って自分の利益を守るのは一番簡単なようですが、実際にはなかなかうまくいきません。当時はちょうどトランプ政権だったので、壁については考えさせられました。壁を作ったとしても、やはり先住民族はひどい目に遭ったわけですから、彼らの言語・生き方・宗教・思想・土地・財産などをどうやって守るのでしょうか。この困難さをやはり再認識しないといけません。

もう一つ重要なことは、やはり巡礼することの意味です。さきほどグアダルーペを紹介しましたが、ここは世界で最も巡礼の人出が多いところです。年間約二〇〇〇万人が巡礼します。聖地巡礼は、一般的にはもちろん宗教的な理由で行われるわけですが、私自身はやはり、忘れられていた歴史をよみがえらせるような巡礼をこれからもしたいと思います。

日本の場合

最後に日本のことに触れます。留学時代以来、北海道へ何度も行ったことはありますが、特に先住民族のこと深く考えたことはありませんでした。しかし、一番印象深かったのが、ところどころ北海道には漢字のない地名があることです。代表的な場所は、トマムやニセコです。漢字があったとしても当て字であることが多いです。北海道だけではなくて、私が留学時代にいた東北地方にも、アイヌ語由来の地名が多くあります。遠野の「トー」もそうです。ほかには、東北地方の猟師である「マタギ」が猟をする時に使うマタギ言葉にも、なぜかアイヌ語の言葉が多いのです。例えば「ワッカ」、これは稚内の「ワッカ」と同じで、アイヌ語で水の意味です。このようなことに気づくようになって、次第にアイヌ語に興味を持つようになりましたし、数年前には、旭川にある川村カ子トアイヌ記念館《ママ》を見に行きました。残念ながら川村兼一館長は二〇二一年に亡くなりましたが、彼との雑談は今も印象に残っています。彼は次のことを訴えていました。日本各地や、NHKの番組などでいろいろな外国語講座が開かれていますね。駒場にもいろいろな外国語の部会や授業がありますが、アイヌ語はないのです。自分の国の先住民族の言語の講座がなぜないんだろうと、熱をこめて語っていました。他にもいろいろな話題について川村館長とはお話をしたのですが、後で触れるウポポイについては、彼が評価を保留していたことが記憶に残っています。つまり、国家の施設でアイヌが自分の話をできるのか、彼は懐疑的だったのです。

同記念館の展示品に関しては、イヨマンテが深く印象に残りました。自分の子供が小熊と遊んでいることを想像してください。その小熊が二年間ぐらい、大きくなるまでずっとコミュニティーの中にいて、場合によっては人間の乳を飲みます。そうして大事に育てた小熊を、神の元へ魂を送り返すという意味をこめて儀礼の中で殺すのが、イヨマンテという祭りです。しかし、そのイヨマンテという祭りはもう何十年以上も行われていません。ドイツのある研究所でイヨマンテについて発表しまして、小熊を送る動画を入れようとしましたが、動物が殺されるのを見たくないと言われました。これは動物を単に殺すのではなくて、彼らは熊を人間のモシリから、実はカムイのモシリに送っているのであって、熊にとってはのぞましいことなのだ、と説明しましたが、理解してもらえませんでした。イヨマンテだけではなく、先住民族の世界観はなかなか理解されないのが現状だと思います。

この講義を準備するために、一カ月前に、二風谷《にぶたに》というところに行きました。昔はおそらく原生林だった場所ですが、北海道のど真ん中あたりのところです。千歳空港から東へ、車で走れば一時間ぐらいで着くようなところです。山奥ではありません。イメージとしては、すごく山奥の秘境的なものですが、実際にはそうでもありませんでした。標高は二〇〇メートルしかなくて、実に小さな町なのに、アイヌ資料館が二軒もありました。二軒とも見たところ、貴重な資料が多くて驚きました。

それに対して、新しくできたウポポイというところは国土交通省が所管する施設で、つまり公園です。公園の中に二つの施設があって、共生の公園と、慰霊施設です。公園はポロト湖の周りにあり、コタン（集落）などのいろいろな展示があるのですが、慰霊施設はこの公園からかなり離れたところにあります。この慰霊施設を設けるにあたってはいろいろな議論がありました。本来はアイヌの先住民族の骨や遺品は、この慰霊施設ではなくて、アイヌが伝統的に住んでいた地域、つまりコタンに戻すべきだという意見があったのです。世界的には先住民族から奪ったものは本来の持ち主に返そうという風潮になってきています。東京大学の博物館にもいろいろな人類学者の収集品があります。返さない場合もあります。返したとしても、先住民族の元ではなく、例えば教育委員会に渡されるなどして、さまざまな問題が起きることもあります。先住民族との共生の難しさを考えさせられました。

ウポポイの構内には、国立アイヌ民族博物館という施設もあります。そちらは国土交通省ではなくて文化庁所管です。博物館に入ってみたら、展示数が思ったより少なくて正直なところがっかりしました。立派な建物ではありますが、展示品はそれほど多くありません。例えば、イヨマンテについての展示は、川村カ子トアイヌ記念館のほうが詳しいです。

結局、先住民族との共生とは何でしょうか。先ほど紹介したウポポイ、これは通称で、英語表記ではsymbolic space for ethnic harmony、日本語では民族共生象徴空間とされています。ハーモニーだとすれば、この空間はテーマパークとしては整っているでしょう。しかし私の考えでは、先住民族との共生は過去も現在もできていません。共生、もしこの言葉を使うならば、これは未来志向の言葉として使いたいと思います。これからのアイヌは、自分の土地で自らの言語を使って祖先から受け継いだ文化で生きる民族でなければならないと、私は強く思いました。

ウポポイを後にして近くのアヨロ海岸に行きました。これは、今回の巡礼の一番重要なクライマックスでした。急に天気が悪くなったのですが、行ってみました。白老の海側のところはアイヌにとってとても重要な場所があって、あの世への入り口なのです。まさに島根県にもある黄泉《よみ》と同じような考え方があるような土地です。そのアヨロという聖地を見に行こうと思いましたが、そこまでは道路が整備されておらず、カーナビでもグーグルマップを使っても、たどり着くことができませんでした。しかし、よく考えると、聖地を観光地化せず、聖域のままで守り抜くことが、共生の本来のあるべき姿だと思うようになりました。

先住民族との共生は非常にわかりづらいことですが、いろいろなことを実際の現場で見るといいと思います。私が今日紹介した台湾、メキシコ、日本を例にとれば、台湾では、例えば文化村と共同祭のギャップがとても衝撃的でしたし、メキシコでは博物館で展示されていた国家のイデオロギーと、人々が実際に大事にしているグアダルーペの聖母の宗教と思想との間には大きなギャップがあります。ウポポイのようなテーマパークとしてのいわゆる共生空間と、アヨロのような聖地との違いも、やはり実際に行ってみないとわかりません。

あえて言いますと、やはり先住民族との共生は、箱の中や建物の中ではなくて、現実の社会でやるべきだと思います。先住民族との共生とは先住民族を守ることだと言うのは簡単ですけれども、それはいわゆる文化の復興という文脈でも考えられます。私は被災地に何回も行きましたが、いろいろな現場を見ていて、復興のいいところも理不尽なところも数多く見てきました。復興と言うことも簡単ですが、より重要なのは、人間の権利、自分の名前を持つ権利、土地を持つ権利、奪われた土地を取り戻す権利を大事にすることです。かつてサケ漁ができたアイヌたちは、今は許可がないと漁ができません。アイヌの権利をやはり回復すべきだと強く思いました。

読書案内

文中で示さなかった文献を案内します。日本哲学について、『西田幾多郎哲学論集〈1〉場所・私と汝 他六篇』(岩波書店、一九八七年)、和辻哲郎『風土』(岩波書店、一九七九年)、A・ベルク『風土の日本』(筑摩書房、一九九二年)、野家啓一『物語の哲学』(岩波書店、二〇〇五年)を一読してください。なお、井上哲次郎ら(編)『哲学字彙』は絶版となっていますが、国会図書館サイトで閲覧可能です(https://dl.ndl.go.jp/pid/994560/1/1)。香港と巡礼思想に関しては、和辻哲郎『古寺巡礼』(岩波書店、一九七九年)、そして東京大学東アジア藝文書院(編)『私たちはどのような世界を想像すべきか――東京大学教養のフロンティア講義』(トランスビュー、二〇二一年)、『私たちは世界の「悪」にどう立ち向かうか――東京大学教養のフロンティア講義』(トランスビュー、二〇二二年)の中の、私の講義を参考してください。台湾・メキシコ・日本の先住民族との共生については、佐谷眞木人『民俗学・台湾・国際連盟 柳田國男と新渡戸稲造』（講談社、二〇一五年）、孫大川『夾縫中的族群建構』（聯合文學、二〇一〇年）、鶴見俊輔『グアダルーペの聖母』（筑摩書房、一九七六年）、柳田国男『遠野物語——付・遠野物語拾遺』（角川書店、二〇〇四年）、柳田國男著、大塚英志編『柳田國男 山人論集成』（角川学芸出版、二〇一三年）、柄谷行人『遊動論』（文藝春秋、二〇一四年）、知里幸恵（編訳）『アイヌ神謡集』（岩波書店、一九七八年）、金田一京助（採集並ニ訳）『アイヌ叙事詩 ユーカラ』（岩波書店、一九三六年）などは参照されるべきでしょう。

第3講

他者と共生する「私」とは誰か

レヴィナスの思想を手がかりに

藤岡俊博

ふじおか・としひろ●東京大学大学院総合文化研究科准教授。一九七九年長野県生まれ。二〇一二年東京大学大学院総合文化研究科博士課程修了、博士（学術）。専門はフランス哲学、ヨーロッパ思想史。著書に『レヴィナスと「場所」の倫理』（東京大学出版会、第三回東京大学南原繁記念出版賞受賞）、共著に『「暴力」から読み解く現代世界』（東京大学出版会）、訳書にレヴィナス『全体性と無限』（講談社）などがある。

本講では、エマニュエル・レヴィナスという哲学者の思想をもとに、共生の問題を考えてみます。

レヴィナスは一九〇五年に、当時はロシア帝国領であったリトアニアに生まれたユダヤ系の哲学者です。フランスに帰化し、第二次世界大戦にはフランス軍の兵士として従軍しました。ほどなくドイツ軍の捕虜となりますが、戦争捕虜の待遇を定めたジュネーヴ条約により、強制収容所や絶滅収容所ではなく、捕虜収容所で終戦を迎えることになります。

レヴィナスの思想は、他者に対する責任にもとづいた倫理と要約されます。他者とは私ではないひとですから、この言葉を発しただけで、すでに私と他者との関係、すなわち共生の問題が生じることになります。

他者の「顔」

レヴィナスの思想の代名詞と言われるのが「顔」という概念です。レヴィナスは顔を次のように定義します。

> 〈他者〉が私のうちなる〈他者〉の観念をはみ出しながら現前する様態を、私たちはまさしく顔と呼ぶ。
> （レヴィナス『全体性と無限』藤岡俊博訳、講談社、二〇二〇年、七二頁。以下、既存の邦訳書を参照しつつ、断らずに訳文を変更した箇所があります）

ふつうは顔を定義せよと言われたら、頭の前面で、目があり、口があり、鼻があるというふうに定義するのではないでしょうか。レヴィナスはそうではありません。顔は他者が現れる仕方だと言っています。しかもそのとき、他者は私がもつ他者の観念をはみ出す、つまり他者の顔は、私がそれについて理解したものをつねに超えていると言われています。

この定義から出発して、レヴィナスは、顔についての常識からすれば非常に意外なことを言っています。その一つが「顔は見えない」というものです。どういうことでしょうか。顔は、他の事物と同じように存在しています。顔は身体の一部であり、動きはしますが、机やパソコンや椅子と同じようにこの空間内にあります。顔は私たちが見ることができ、触ることもできる感覚的なものです。しかし、レヴィナスは、私たちは事物に対してなにをしているだろうかと問います。私が見たものは「私が見たもの」であり、私が触ったものは「私が触ったもの」です。私は感覚を通じて、こうした他の事物を「私のもの」にしています。つまり私の経験に回収しているわけです。それに対してレヴィナスは、顔には異なる側面があると言います。顔は「話す」と言うのです。顔は話すことによって、自分自身の形態的なイメージをたえず壊します。目や口が動くことで外見が変化するだけではありません。先ほどの定義で、顔は、私がもつ他者の観念をはみ出しながら現れると言われていました。「観念」とは、フランス語ではイデー、英語ではアイディアですが、もともとはギリシャ語のエイドー、「見る」という言葉から来ています。顔には、こうした見える次元には収まらない次元があります。話す次元、言説ないし語りの次元です。顔は、話すことによって、つねに新しいことを提供します。顔とは、そこから新しい情報や意味がつねにあふれ続けてくる、そういう源泉であるわけです。

顔とその他の事物の違いについてもう少し考えてみます。「他者」とは他なるものですから、椅子や机といった事物もある意味では他者です。私とは違う他なるものである以上、事物も私に対して抵抗を示してきます。ですが、先ほど言いましたように、私は知覚や触覚を通して、事物を理解したり所有したりすることができます。仮に理解できないものがあったとしても、私の能力が向上すれば理解できるようになるかもしれません。そういう場合、その事物は私に対して量的に抵抗しています。他なるものであった対象や事物も、理解や所有によって「私のもの」になります。これは部分的な否定です。「私のもの」となることで対象の他者性は失われますが、対象は「私のもの」に形を変えて保存されるからです。それに対して、他者の顔はどうでしょうか。顔はつねにあふれ続ける意味の源泉ですから、完全に理解したり所有したりすることはできません。仮に私の能力が向上したとしても、顔は絶対に「私のもの」にはなりません。ですから事物と比較してみると、顔による抵抗は量的な抵抗ではなく、質的な抵抗ということになります。顔は、私が理解したり所有したりすること自体に抵抗するのです。事物は部分的に否定されるのに対して、顔の否定は、部分的な否定ではなくて、全面的な否定になります――つまり殺人である、とレヴィナスは言っています。

殺人は、権能から逃れるものに権能を行使する。殺人は依然として権能ではある。顔は《感性的なもの》のうちでみずからを表出するからだ。だが、殺人はすでに無力である。顔が《感性的なもの》を引き裂くからだ。顔のうちでみずからを表出する他性は、全面的な否定に可能な唯一の「質料」を提供する。私が殺したいと望みうるのは、絶対的に自存する存在者だけである。すなわち、

私の諸々の権能を無限に凌駕しており、それゆえ私の諸々の権能に対立するのではなく、なにかをなしうる権能そのものを麻痺させる者だ。他人とは、私が殺したいと望みうる唯一の存在なのだ。

(同書、三五一頁)

権能とは私が「なにかをおこなう能力」のことです。顔が感性的なものにとどまらないとすれば、殺人はそれ以上のところに向かう必要があります。顔は私の権能を量的に超えているのではなく、権能そのものに抵抗するからです。引用の最後にある過激な一文は、レヴィナスの思想を要約するフレーズとして有名なものです。こうした全面的な否定、殺人の誘惑が向かうのは他者の顔しかない、と言うのです。

では実際に殺人を犯すとどうなるのでしょうか。殺してしまうと、顔は頭部という動かない事物になります。殺人とは他者を事物にすることです。たしかに殺人は可能です。ですが、顔をありありと生きている姿のまま殺すことはできません。だから不可能だということになります。レヴィナスは、顔を見ることは「殺してはならない」という命令を聞くことである」とも言い換えています。顔とは、「否定したい」という物理的には可能である殺人の誘惑と、「できない」という倫理的な不可能性との、そうした両義性の場であると言えます。

「私」であることの責任と不正

他者とは私に対する他者ですから、「他者」と口にした時点で、私と他者との関係、つまり共生が問題になると冒頭で述べました。では、そうした他者を前にした「私」とは一体どういう存在なのでしょうか。他者は、顔を通して、私がなにかをなしうる権能を問いただすのでした。私はある意味では素朴に、自発的に自由に振る舞っています。しかし、実は色々なものを自分のものにしているだけではないかということを、絶対に所有しえないものに出会うことで発見するのです。自分がしたいことを無邪気にやっている私は、単に自分の権能を行使しているにすぎません。つまり、私は私であるかぎりで、すでに簒奪者である、なにかをわがものにする存在なのだということに、他者を前にした私は気づかされるというわけです。ですから、他者を前にした私とは、すべてを自分のために従属させる「エゴイズム」ということになります。すべては私の世界であり、すべては私のためにあります。私が見たもの、私が聞いたもの、私が食べるもの、全部そうです。

他者の顔が私の権能を問いただしてくるとき、問われている私はその問いに答えなければなりません。

問われているとは、同時に問いに向かっているということであり、答えなければならないということだ。言語の誕生である。話さなければならないこと、私（je）と言わなければならないこと、第

一人称であること、まさに私（moi）であること。しかし、それゆえ私という存在の確証のうちで、存在することの権利に責任をもたなければならないこと。自我（le moi）は憎むべきものであるというパスカルの言葉の深淵な意味が、ここで明らかになる。

（レヴィナス『われわれのあいだで』合田正人・谷口博史訳、法政大学出版局、一九九三年、一八五頁）

「私」と口にするだけで生じる、自分が存在することの権利への責任とレヴィナスは言っています。つねに私が引き受けなければならない、他者に対する非対称的な責任があるというのです。そうした私をレヴィナスは「憎むべきものである」という強い言葉で言い表しています。しばしばレヴィナスは、過激なことを言う難しい思想家だと思われていますが、ここに見られるように、実は哲学史のなかで孤立しているわけではありません。パスカルという先駆者の名前が挙げられているからです。

引用文の三箇所にフランス語の原語を入れました。最初の「私」（je）は、英語のIに当たる一人称単数の主語人称代名詞です。次の「私」（moi）は人称代名詞の強勢形と呼ばれるもので、主語や目的語ではない仕方で用いられます。もう一つは「自我」と訳したle moiです。このleは英語のtheに当たる定冠詞なので、moiは普通名詞として使われていることになります。この短い文章のなかで、レヴィナスが「私」と訳せる三種類の言葉を区別して使っていることがわかります。

フランス語のmoiという単語は、九世紀以降、ラテン語の人称代名詞から変化を続け、一二世紀半ばに現在の形になったとされています。これは人称代名詞です。他方で、この単語が「私なるもの」や「自我」という名詞として使われ始めるのは、さらにあとの時期になってからで、辞書には「人間存在の個人性、人格を構成するもの」という意味だとする一五八一年の文章が紹介されています。一七世紀に入りますと、デカルトの「われ思う、ゆえにわれあり」という有名な表現に見られるような「思考する主体」としての「私」という意味が成立していきます。デカルトは「しかし、いまや必然的に存在するこの私（ego ille）が何であるかを、私はまだ十分に理解してはいない」（デカルト『省察』山田弘明訳、筑摩書房、二〇〇六年、四五頁）と書いています。ラテン語の ego は英語の I に当たる一人称単数の主語となる人称代名詞です。次の ille は指示形容詞で、「この」に当たります。ですから、この表現を英語に直訳すると this I という不思議な形になります。主語として使う人称代名詞に、名詞に先立つはずの指示形容詞が付いており、いわば人称代名詞としての用法と普通名詞としての用法が混ざっているからです。先ほど名前を挙げたパスカルも、次のように述べています。

> 自己愛と、この人間の「自我」（ce moi）との本性は、自分だけを愛し、自分だけしか考えないことにある。
> （パスカル『パンセ』前田陽一・由木康訳、中央公論社、一九七三年、七三頁）

ここでも moi という人称代名詞に ce という指示形容詞が付いています。要するに、この時代に、「私」という人称代名詞が「私なるもの」「自我」という抽象概念を意味する普通名詞として成立する重要な契機があったのです。

レヴィナスが依拠するパスカルについて詳しく見ていきましょう。パスカルは一七世紀前半から半ば過ぎにかけて活躍した哲学者で、数学や科学の業績も数多く知られています。パスカルが残した膨大な遺稿が死後にまとめられて、いま私たちが『パンセ』という形で読んでいる主著になっています。パンセは「思想」や「考え」という意味のフランス語で、ここではパスカルが残した断章を指す言葉として使われています。

パスカルの「自我」にまつわる興味深いエピソードがあります。イギリスの哲学者ジョン・ロックの『人間知性論』は、ピエール・コストという人物が訳したフランス語版がよく読まれ、ロックの哲学の普及に貢献したと言われています。コストはロックが用いている self という語に次の注を付けています。

自分は同一のものであるという、各々が自分自身のうちにもつこの感情を表すために、私が自己（*soi*）や自己自身（*soi-même*）という言葉を使うことができるのは、ある意味ではパスカル氏の〈自我〉（le *Moi*）のおかげである。

(John Locke, *Essai philosophique concernant l'entendement humain*, 3e éd., traduit par Pierre Coste, Amsterdam, Pierre Mortier, 1735, p. 264)

いまでは普通に使われている「自我」という言葉は、当時はパスカルという個人名と強く結びついていたのです。

レヴィナスが言及していたパスカルの文章を見てみましょう。

―― 自我は憎むべきものだ。ミトン君、君はそれを隠しているが、そうしたからといって、それを除いたことにはならない。だから、君はやはり憎むべきものだ。

そんなことはない。なぜなら、われわれがしているように、すべての人に親切にふるまえば、人から憎まれるはずはないではないか。それはそうだ、もし、自我を憎むということが、自我から生じる不快だけを憎むというのであるならば。

だが、私がそれを憎むのは、それがすべてのものの中心になるのが不正であるからだとすれば、私はやはりそれを憎むであろう。

要するに、自我は二つの性質をもっている。それはすべてのものの中心になるから、それ自身、不正である。それは他人を従属させようとするから、他人には不快である。なぜなら、各人の自我はたがいに敵であり、他のすべての自我の暴君になろうとするからである。君は自我から不快を除くが、不正を除きはしない。

（パスカル『パンセ』前掲書、二九二頁）


ミトンはパスカルの実際の友人で、この断章は二人の想像上の対話の形になっています。自我は憎むべきものだというパスカルに対し、ミトンは、すべての人に親切に振る舞えば憎まれるはずはないと反論しています。この当時、オネットム（紳士・教養人）という、社交界で理想とされた姿がありました。たしかに、人に親切に接すれば、不快感を与えることはないでしょう。ですが、パスカルはそれだけでは不十分だと言います。そもそも「私」と口にするだけで、すべてのものの中心になるから不正であると言うのです。

パスカルの「自我」にまつわるもう一つの面白いエピソードを紹介したいと思います。パスカルが一六六二年に亡くなったあと、親族や友人が遺稿を編集して最初に『パンセ』を出版したのが一六七〇年です。これはポール・ロワイヤル版と呼ばれますが、先ほどの断章に編者が注釈を付けています。

著者が次のパンセで用いている moi という語は、ほかならぬ自己愛を意味している。これは著者が幾人かの友人とともに習慣的に用いていた用語である。

(Blaise Pascal, *Pensées de M. Pascal sur la religion et sur quelques autres sujets*, Paris, Guillaume Desprez, 1670, p. 278)

普通名詞としての moi はパスカルたちの仲間内の言葉だったため、編者は文意が読者に伝わらないことを危惧し、見慣れない使われ方をしているこの「自我」という語は自己愛のことだと説明しているのです。

「約束の地」の所有と「正義」

レヴィナスに戻ります。レヴィナスは先ほどの「憎むべきもの」としての「自我」のほかにも、パスカルからさまざまな考え方を引き継いでいます。一九七四年の『存在の彼方へ』の冒頭でも、パスカルの断章が引用されています。

――「これは僕の日なたぼっこの場所だ」。ここに全地上の横領の始まりと、縮図とがある。

（パスカル『パンセ』前掲書、一九九頁）

植物が陽光に当たらなければ枯れてしまうように、「日なたぼっこの場所」は、生きるために必要な場所を自分のものにすることを意味しています。生きることは、存在するための場所を所有することである、と言い換えることができます。レヴィナスはこうした場所の所有の問題を、聖書で述べられる「約束の地」（カナン）のテーマと関連づけて考察しています。

聖書のなかで、神は古代イスラエルの民に土地を与えることを約束しています。しかし、その土地には実は別のひとたちが住んでいます。「乳と蜜が流れる土地」と形容されるほどの素晴らしい土地なのですが、他人の土地なのです。レヴィナスは、約束の地を所有するためには神が大地を創造したのを知ることが重要だという、一一世紀フランスの聖書注解者ラシーの考えを紹介しながらこう述べています。

なぜなら、このことを知らないかぎり、人間は簒奪によってしか所有することがないからである。つまり、人間は生活空間を必要とするものだという単なる事実からは、いかなる権利も生じえないのである。私の自我の意識は、私にいかなる権利も明かさないのである。

（レヴィナス『困難な自由』合田正人監訳・三浦直希訳、法政大学出版局、二〇〇八年、二二一―二二三頁）

神による大地の創造を前提とすることは、人間が住む土地はかりそめのものであり、いかなる土地も自分の所有物にならないことを意味します。たとえ私が生きるために「日なたぼっこの場所」が必要だとしても、その事実はその場所が「私のもの」であるという権利の保証にはならないと言うのです。

レヴィナスは別の文章でも「約束の地」に関する聖書のエピソードを解釈しています。イスラエルの民にカナンの地を与えると約束した神は、エジプトを脱出した民に向かって、その土地を見てくるように命じます。派遣された偵察隊は、とても豊かな土地だけれども住んでいる住民が強力で征服は難しい、と報告します。ただ、偵察隊も一枚岩ではなく、やればできると主張する強硬派と、無理だからやめようという慎重派に分かれます。後者のひとたちは、その土地には行かないほうがいいと、土地の悪評をほかの民に流します。彼らはそのせいで神の怒りを買って亡くなってしまうのですが、それを聞いたほかの民たちは、「約束の地」があるから砂漠を歩いてきたのに、エジプトに帰ったほうがましだと、不平を言って泣きます。最終的に彼らは「約束の地」に入るわけですが、それまで四〇年間にわたって荒れ野をさまようことになります。

レヴィナスがこの物語に対して立てる問いは次のようなものです。神はイスラエルの民にカナンの地を与えると約束しました。ではその約束によって、他人が住んでいる土地を征服して所有することが許されるのか、という問いです。偵察隊のなかには征服に慎重だった者もいました。美しく清廉な良心の持ち主である彼らに対して、カナンの地への侵入を主張した強硬派は道徳的ではないということになるのでしょうか。レヴィナスはそうでもないと言います。なぜなら彼らは「正義の国」を建設しに行くからだと言うのです。

彼らは、単に正義に身を投じるのではなく、正義を厳密に自分自身に適用するのだ。〔……〕自分の行為の帰結をつねに受け入れ、自分が祖国に値する存在でないときには、流謫を甘受することができる者のみがその祖国に入る権利を有する。ご覧のように、この国は尋常でない国である。〔……〕その住民が不正であるときには、彼らを吐き出す国なのだ。このような条件のもとで国を受け入れる覚悟が、この国に対する権利を与えるのだ。

（レヴィナス『タルムード四講話　新装版』内田樹訳、人文書院、二〇一五年、一六九頁）

土地がその民を吐き出す、というのも聖書の表現です。では、ここで言われる「正義」とはどのようなものでしょうか。レヴィナスは先立つ箇所でこう説明していました。

自分は正義の社会を建設し、土地を聖別するのだと思い込むことは誰にもありうることであり、それが征服者や植民地主義者を勇気づけるのではないかと言う人もあるだろう。しかし、それにはこう答えなければならない。トーラー〔「モーセ五書」とも呼ばれる「創世記」「出エジプト記」「レビ記」「民数記」「申命記」の五冊〕を認めるとは、普遍的正義の諸規範を認めることである。〔……〕私たちがトーラーと呼んでいるものは、人間的正義の諸規範を提供する。そして、イスラエルの民がイスラエルの土地を自分のものとして要求するのは、この普遍的正義の名においてであって、民族的正義の名においてではない。

（同書、一六三頁）

イスラエルの民は「普遍的正義」の名において「約束の地」を所有するのだとレヴィナスは述べています。この議論は直接には古代イスラエルの民についてのものですが、当然、一九四八年に建設された現代のイスラエル国家の問題とも無関係ではありません。

レヴィナスはユダヤ人でしたが、フランスというディアスポラ（離散）の地にとどまり、生涯イスラエルに移住することはありませんでした。しかもイスラエルの建国直後には、イスラエルに批判的な態度を取っていました。その理由は次のようなものです。イスラエル国家という現実の場所と、ユダヤが培ってきた精神的な源泉とは同じではない。ディアスポラの地にいても、西洋文明と結びついた形でユダヤの精神生活に参与することは十分に可能だと言うのです。実際、先ほどの引用に出てきたラシーという聖書の注釈者はフランスの地でユダヤの精神生活を豊かにした典型です。このようにレヴィナスはある時期までイスラエルとディアスポラを対立的に考えていましたが、徐々にイスラエルを囲むアラブ諸国と対照的なイスラエル国家の「不安定さ」を強調するようになります。ほかの国々の場合、政策が批判されることはあっても、国家自体をなくすべきだという議論にはなりません。それに対して、イスラエルは建国以来、つねにその存在の是非を問われ続けてきました。レヴィナスは、特に一九六〇年代後半以降、イスラエルに住むユダヤ人がさらされている日常的な危険を共有していないという理由で、イスラエルについての発言を慎むようになりますが、一九八二年のイスラエルによるレバノン侵攻の際、サブラとシャティーラという場所にあったパレスチナ人の難民キャンプで起きた虐殺事件に関して、イスラエル擁護と取りうる発言をおこなっています。他者の倫理を標榜する思想家から発せられたこの発言は現在でも批判されていますが、この発言はイスラエルに対するレヴィナスの態度の重大な変化を示すものと言えます。

先ほどから問題になっている正義という概念を、レヴィナスは聖書の解釈から離れたところでも用いています。レヴィナスによれば、正義と倫理は対比的に捉えうるものです。倫理とは、私が他者の顔を前に無限の責任を負う、私と他者との一対一の関係です。では、そこに別の他者がいる場合にはどうすべきでしょうか。複数の他者のあいだで比較をしなければなりません。それが正義の次元です。この次元では、それまで他者に対して非対称的な責任を担っていた私も一人の他者となることができる、とレヴィナスは述べています。一人の他者へと向かう責任のなかに、別の他者である「第三者」は矛盾を導き入れます。これは他者に対する責任の限界であり、「私は正義でもってなにをなすべきか」という問いの誕生であるとレヴィナスは言います。こうした他者の複数性の次元は、他者たちと私との共存であり、「一つの場所にともにあること」を意味しています。この次元では、唯一の他者に無限の責任を負っていた私も他者になれるわけですから、正義は倫理的関係の過剰さを修正するものとして考えられています。ただしこの正義は、あくまでも一対一関係にある他者への責任という倫理によって基礎づけられるべきです。だからこそそれが「普遍的正義」となりうるのだとレヴィナスは考えているわけです。

こうした議論には疑問も浮かぶと思います。私から一人の他者に向かう非対称的な倫理がまずあり、そこにもう一人の他者が現れて、複数の他者からなる共存関係の正義に移行するという議論は、いかにも恣意的に見えます。言うまでもなく、私たちははじめから複数の他者がいる社会で生きており、複数の他者のあいだでたえず比較をおこなっているからです。ですが、倫理と正義の関係とは、倫理がまずあって次に正義が生じるという時間的順序の関係ではありません。いま私たちが身を置いている正義の次元があくまでも倫理の次元に基礎づけられていることをレヴィナスは言おうとしています。

こうした正義の次元は、一言で言えば「共生」ということになるでしょう。私たちはつねに複数の他者たちと共生しています。ではそのなかで、目の前の他者があくまでも唯一的な他者であることはどのように維持されるのでしょうか。それは正義ゆえに「震える」ことだとレヴィナスは言います。

> 戦争に対してなされる正義の戦争においても、ほかならぬこの正義ゆえに、不断におののき、さらには震撼しなければならない。この弱さが必要なのだ。
> （レヴィナス『存在の彼方へ』合田正人訳、講談社、一九九九年、四一三頁）

共生を先ほどのレヴィナスの言葉で言い換えるなら、「一つの場所にともにあること」とも呼べるでしょう。「日なたぼっこの場所」に触れた際に、存在するとは、存在するための場所を所有することだと述べました。だとすれば、どのようにして一つの場所にともに存在することができるでしょうか。椅子取りゲームがそうであるように、私が身体を置いているこの場所に他の人が身体を置くことはできないからです。それだけではありません。私はすべてのものの中心になっており、あらゆるものを「私のもの」にしていると述べました。私が生きるこうした環境も「私のもの」だとするなら、一つの場所にともに存在することなど原理的に不可能ということになります。逆に考えれば、レヴィナスの思想に即した共生とはむしろ、他者の場所を奪っているという意識であると言えるかもしれません。私自身も存在するために場所を必要とする以上、共生とは自分が場所を所有する正当性を不断に問い続けることを意味するのではないでしょうか。

最後に、レヴィナスから出発して共生を考える際の結論となりうる文章を読んで終わりにします。レヴィナスは意識と良心がフランス語で conscience という同じ語であることを念頭に、意識＝良心の到来について次のように述べています。

個人とは――孤独な個人とは――みずからが圧殺し破壊するすべてのものを考慮することなく成長し、養分や空気や陽光を独占する樹木でないとしたらなんであろうか。みずからの本性と存在が十全に正当化された存在でないとしたらなんであろうか。簒奪者でないとしたら、個人とはなんであろうか。意識＝良心の到来とは――そして精神の最初の輝きでさえ――私の脇に死体が転がっていることの発見でないとしたら、そして殺人を犯しながら存在していることへの私の恐れでないとしたらなにを意味するのであろうか。他者たちへの注意と、その結果として私を他者たちの一員として考え、私を裁くことの可能性――意識とは正義である。

（レヴィナス『困難な自由』前掲書、一三六―一三七頁）

人間は陽光が当たる場所に伸びる樹木のようなものです。自分の好きなように養分を吸って、太陽の光を浴びています。しかし、そうして無邪気に日の当たる場所で生命を謳歌する樹木としての個人のもとに意識が現れるのは、私の脇に死体が転がっていることを発見するときだと言うのです。非常に独特な意識の定義ではないでしょうか。意識とは、自分が殺人を犯していることへの恐れであり、その恐れにもとづいて私の素朴な自発性を裁くことが正義であるというわけです（レヴィナスの正義の概念には時期によって若干の相違がありますが、立ち入りません）。

本講のタイトルは「「他者」と共生する「私」とは誰か」というものでした。レヴィナスが考える共生は、「共生の（不）可能性」という表現にまとめられるかもしれません。これは「一つの場所にともにあること」の不可能性を前提とした可能性であり、自分が殺人を犯しながら存在していることを危惧し、自分の場所に存在する正当性を問い続けることです。他者と共生する「私」とは、そういう存在だと言えるでしょう。

講義を振り返って

講義後の質疑応答では、自我と顔との関係、シオニズム、正義と脱構築など、レヴィナスの思想に内在する論点だけでなく、日常的な場面での紛争解決や、存在の不安定さとの関わり方といった、実践的なテーマにも通じる質問をいただきました。

レヴィナスの言う正義ゆえの「震え」や「弱さ」は、他者の場所を奪っていることへの危惧から行動も思考も不可能になるような怯えではありません。正義の次元を下支えする倫理の次元によって引き起こされる、自分の存在の自明性を動揺させる「おののき」を意味しています。そこでは、みずからの事実的な存在の安定性を疑わずに、存在することへの権利や正当性を振りかざすような、見かけ上の「強さ」こそが問いに付されています。自分の占める場所のみならず、より広い意味での同一化と排除のもとになるさまざまな帰属関係を問い直すことが、他者との共生の可能性を指し示すものではないでしょうか。

レヴィナスの「普遍的正義」は、「普遍的」という修飾語とは裏腹に、みずからの正しさに安住することのない正義です。この正義はつねに撤回可能なものでありながら、唯一の他者との関係である倫理との二重性をはらんでいるがゆえに、単なる相対主義に陥ることはありません。「一つの場所にともにあること」としての正義と、「日なたぼっこの場所」の所有を問いただす倫理のあいだで、すなわち、他者との共生の可能性と不可能性のはざまで、そのつど「私」と他者（たち）との関係が特異な仕方で結ばれるからです。

最後に、本章で扱った共生の問題をまったく別の角度からあぶり出してくれるものとして、安部公房の「友達」という戯曲に触れたいと思います。安部公房はレヴィナスの思想とも共鳴する題材をさまざまな仕方で作品に残しています（『他人の顔』という、まさにレヴィナスの思想のキーワードを冠した長編さえあります）。

一人暮らしの男の部屋に、突然、奇妙な九人家族がやってきて、そのまま居座ってしまいます。なんの権利があってこんなことをするのだと怒る男に、彼らは隣人愛にもとづく義務からだと主張します。男は管理人や警察を呼びますが、本気で介入してはくれません。その結果、男が一人で自分の家に住む「権利」は、勝手に上がりこんできて部屋を占拠する家族の「事実」に吹き飛ばされてしまうのです。ある法律のもとでは不法占拠になる行為も、「法」自体が機能しない状況ではまかり通ってしまいます。もちろんこの作品が描くのは、戯画化された不条理なケースではありません。ですが、ここから逆に、そもそも男にはなんの「権利」があったのかと問うこともできるのではないでしょうか。この作品は、普段私たちが当然のものと信じて疑わない「法」の不確かさを暴き出しています。
第二次世界大戦と捕虜生活を経験したレヴィナスは、実際に「法」が瓦解するさまに直面することから戦後の思索を練り上げていきました。レヴィナスが提示する共生の問題は、権利と事実にまつわる根本的な難問を巻き込みながら、つねに実践的で現在的な問いを投げかけています。

読書案内

エマニュエル・レヴィナス『全体性と無限』藤岡俊博訳、講談社、二〇二〇年

レヴィナスの著作はほぼすべて日本語に翻訳されていますが、なかでも主著に位置づけられる著作です。他者の「顔」や無限責任といった概念を軸に倫理思想を練り上げたレヴィナスは、「生への愛」や「享受」を語る哲学者でもあります。難解な著作ではありますが、原文の息づかいを通して、本章で扱っていない側面も含めたレヴィナスの哲学の全体像に触れてみてください。

エマニュエル・レヴィナス『困難な自由』合田正人監訳・三浦直希訳、法政大学出版局、二〇〇八年

レヴィナスの著作は哲学に分類されるものとユダヤ教に関するものに大別されますが、後者のうちで特に論文や時評などをまとめた著作が本書です。レヴィナスは彼が「哲学以前の経験」と呼ぶものを非常に重視していました。その意味で、レヴィナスの哲学の特徴を知るためにも、彼のユダヤ教理解を把握することは不可欠と言えます。また本書を通じて、さまざまな時事問題に対してレヴィナスがどう応答したのかを知ることもできます。

藤岡俊博『レヴィナスと「場所」の倫理』東京大学出版会、二〇一四年

「場所」をキーワードにレヴィナスの思想を読み解いたものです。「場所」とは、一義的には身体を置く空間的な広さのことですが、そこから出発して、私たちの生を取り巻く具体的な環境や状況をも意味しています。本章で扱った「約束の地」の所有の問題や、イスラエル国家に対するレヴィナスの思想的立場についても詳しく論じています。

安部公房『友達・棒になった男』新潮社、一九八七年

本講の最後に触れた安部公房の戯曲「友達」が収められています。突飛な設定で、コミカルな雰囲気もありながら、この作品は、他者をどこまで受け入れることができるのかという「歓待」の問いを切迫感をもって突きつけてきます。レヴィナスの後期思想に「人質」という概念がありますが、フランス語でotage（人質）がhôte（主人）の派生語であることも考え合わせるなら、主人であるはずの男が家族に捕らえられるこの戯曲はますます「レヴィナス的」な作品に思えてきます。もとになった短編「闖入者」（『水中都市・デンドロカカリヤ』新潮社、一九七三年所収）との読み比べも面白いでしょう。

第4講

仏教から見た共生
私ひとりで幸せになれるのか？

柳 幹康

やなぎ・みきやす● 東京大学東洋文化研究所准教授。一九八一年栃木県生まれ、二〇一三年東京大学大学院人文社会系研究科博士課程修了、博士（文学）。専門は中国仏教。著書に『永明延寿と『宗鏡録』の研究 一心による中国仏教の再編』（法藏館、中村元東方研究所学術奨励賞受賞）、共著に『最澄・空海将来『三教不斉論』の研究』（国書刊行会）、『一心万法：延寿学研究』（宗教文化出版社）、共訳に『新国訳大蔵経『新国訳大蔵経 中国撰述部①-6〔禅宗部〕法眼録・無門関』（大蔵出版）、論文に「白隠慧鶴と菩提心の判」（日本印度学仏教学会賞受賞）などがある。

本日は「仏教から見た共生――私ひとりで幸せになれるのか？」というテーマでお話をしたいと思います。ご存じの通り仏教は、約二五〇〇年前にインドで生まれ、その後各地に伝播し、ここ日本にも大きな影響を与えました。私が専門としているのはお隣り中国の仏教、特に禅宗の思想なのですが、今日はそれのみに留まらず、仏教全体の流れも踏まえながら共生について見てみます。

本講義の概要には、次のように書いておりました。

> 本講義では共生（共に生きること）について、仏教の観点から分析する。もし共生を否定するのであればそれは、自分の利益のためであれば他者を犠牲にしても構わないという自己本位的な考え方に基づくであろう。しかしながら、他者の犠牲のうえに個人の幸せは本当に実現するのであろうか。この問題について、共生をめぐり仏教で為されてきた議論を振り返りつつ、生と死に関する仏教の世界観を踏まえたうえで改めて考えたい。

答えはお察しの通り、「実現しない」が仏教の一般的な回答になると思います。簡単にその理屈を説明すると次の通りです。仏教の基本的な思想に、輪廻《りんね》と因果《いんが》があります。輪廻は生死を繰り返すこと、因果は善因楽果《ぜんいんらくか》、悪因苦果《あくいんくか》というように、原因となる行為の善・悪と、その結果の楽・苦が対応することを言います。この二つを踏まえれば、たとえ他者を食い物にして我欲を満たし、そのまま今生で逃げ切ったとしても、来世以降いつかその報いを引き受けることになるため、他者を犠牲にした自己の幸福は成り立たないことになります。いわゆる因果応報《いんがおうほう》の考え方ですね。

ただこれだけですと仏教内部の教理的な話にすぎませんし、また今日、輪廻という前提を共有できる人は多くないと思いますので、共生を軸に以下もう少し話を広げます。今日お話しする内容は大きく六つです。まず（一）全体のテーマである「共生」について、その言葉と展開を簡単に紹介し、（二）共生をめぐり仏教側から出された見解を見ます。その見解は実に多種多様であり、仏教思想そのものも全体として多様化の一途をたどってきました。そこで（三）仏教が多様化した経緯を述べた後、（四）共生を考える手掛かりとして仏教の二大徳目である智慧と慈悲を取り上げます。ただこの両者の関係をどう捉えるかも実は見解の分かれるところです。そこで（五）相い異なる見解を示した例として二人の禅僧を紹介し、そのうえで（六）仏教的前提を除いた際、そこから何が汲み取れるのかを考えてみます。

本講義の目的は二つです。第一は仏教における共生の議論と仏教そのものについて紹介することです。インドで生まれた仏教は東・東南アジア一帯に広がり、今日に至っています。仏教抜きにこの地域の歴史・思想は理解できませんし、仏教における共生の議論も仏教の多様性を考えるうえで興味深い事例だと思います。第二に思考実験の共有です。ひとりの仏教研究者が自身の専門を踏まえつつ、仏教的な前提を外した際に、共生について何が言えるのか、私なりに考えたことをお話しいたします。拙い内容になりますが、何かしら皆さんに興味を持っていただけるところがあれば幸いです。

「共生」の語と展開

日本において共生の語が「ともに生きる」という意味で初めて用いられたのは恐らく一八八八年、三好学《みよしまなぶ》という植物学者によってです。彼は日本の植物学の基礎を築いたひとりで、生物学のsymbioseの訳語として共生の語を採用しました。その後、一九二二年になると浄土宗僧侶の椎尾辨匡《しいおべんきょう》が「共生」の二字を「ともいき」と読み、共生運動《ともいき》を展開しました。詳細は後で触れます。一九六〇年代以降には、共生《きょうせい》が人間に関わる語として広く用いられるようになり、一九八七年に建築家の黒川紀章《くろかわきしょう》が出版した『共生の思想』がきっかけとなり、二一世紀を開くキーワードとして共生の語がマスコミに注目され、いわゆる共生ブームが起こったそうです。

椎尾の共生運動《ともいき》は当時そこまで有名でなく、共生《きょうせい》は専ら生物学の言葉と認識されていたそうですが、仏教学者の前田專學《まえだせんがく》が一九九四年の第一六期学術会議で椎尾の活動を紹介し、その仏教的側面が注目されました。その四年後には日本仏教学会の創立七〇周年の学術大会で「仏教における共生の思想」がテーマとなり、翌年には論文集も出版されました。

このように共生は望ましいものとして人口に膾炙していきましたが、それに対する疑義も呈されています。たとえばそれが回避困難な矛盾や対立・緊張を覆い隠す「隠れ蓑」になっているのではないか、生ばかりが注目され、「ともに死ぬ運命にある」という「共死」の視点が欠落している等々。聞こえの良い言葉を使ったために深刻な問題が隠れてしまうことは、「共生」に限らずまま見られることで、傾聴すべき重要な指摘だと思います。

仏教における共生の各種言説

つづいて仏教における共生の言説を三つ紹介します。

一つ目が先ほどお話しした椎尾の共生《ともいき》です。浄土宗の僧侶である彼は、宗祖の法然《ほうねん》、および法然が尊んだ中国唐初の僧善導《ぜんどう》を重んじました。彼が掲げた共生《ともいき》も、善導の著作『往生礼讃《おうじょうらいさん》』の「願わくは諸々の衆生と共に安楽国に往生せん」に由来します。ただし善導は念仏により皆と共《とも》に来世、阿弥陀仏のいる西方の安楽国へ往生しようとしたのに対し、椎尾はそれを今生で実現すべきものとして捉えました。彼によれば安楽国こと極楽浄土は遥か西にあるものではなく、我々がここで刻々に成し遂げて行くべき理想の世界の有り様です。また阿弥陀仏も、永遠の進化・共同の大生命のことだとされました。かくして元来、来世のこととされていた浄土の教えは椎尾により、今生で共に理想的な生を実現しようとする「共生」の運動となったのでした。

二つ目が、共生ブームの火付け役とされる黒川の「共生《きょうせい》」です。黒川自身は『共生の思想』の新版序文において、椎尾の「共生《ともいき》」と生物学の「共棲《きょうせい》」のふたつを重ね合わせ自身の「共生《きょうせい》」を考案したと述べています。ですが先ほど述べた通り、生物学でも「共生」の語が古くから用いられてました。また同書の初版では新版と異なる説明——「共生《きょうせい》」の思想は自分で使い出したものだが、後に人から指摘され、かつて自分が学んだ中学・高校の校長の椎尾が「共生《ともいき》」を使っていたことを知った——とあり、記憶に揺れがあるようです。それはさておき、黒川が自身の「共生」のルーツとして選び取ったのが、インド仏教の唯識《ゆいしき》思想でした。唯識思想では一切の根底に阿頼耶識《あらやしき》という深層意識があると見るのですが、黒川はそれを西洋の二元論に由来する二項対立を解消するものとして注目しました。二項対立を含む一切がその根源に帰一すると考えたのでしょう。

三つ目が、先ほど言及した日本仏教学会の論文集における「共生」の議論です。その書名は学術大会のテーマと同じく『仏教における共生の思想』であり、全部で三〇本の論文が収録されています。その議論も様々で、各論文において仏教教団《サンガ》や利他《りた》、教団の秩序を保つ律、世界の円融を説く華厳《けごん》思想、および捉えられた生き物を購い解き放ってやる放生《ほうじょう》などが、共生の原理としてそれぞれ取り上げられています。

仏教多様化の流れ

このように椎尾とそれを承けたらしい黒川の間でも、また論文集に寄稿した仏教学者達の間でも、「共生」に対する理解は様々です。これは「共生」に限った話だけでなく、歴史を振り返れば仏教はもとより多様性に富み、かつ時代を下るにつれその度合が高まってきました。本節ではその流れを見ます。仏教を開いたのは釈迦族《しゃかぞく》出身のガウタマ・シッダールタという人物です。ただ名前が長いので、今は一般的な呼称の釈尊《しゃくそん》（釈迦族の尊者の意）を用います。古くからの伝承によれば釈尊は悟りを開いて仏（目覚めし者）となった後、対機説法《たいきせっぽう》、すなわち相手の機根《きこん》に鑑みて法《おしえ》を説いた、と伝わっています。聴き手にわかりやすいように説き分けたため、その後には「八万四千の法門」とも称される膨大な教えが残されました。このように仏説《ぶっせつ》（仏の教説）には当初より様々な説が含まれていたのです。

仏教徒もそのことを自覚しており、その整合的な解釈を摸索するようになりました。その際に用いられたのが了義《りようぎ》・未了義《みりようぎ》の二分法です。これは矛盾する二説のうち一方を了義（文字通り受けとるべき教え）、他方を未了義（それが分からぬ者のために仮に説かれた教え）とすることで、双方を矛盾なく説明しようとするものでした。このほか、現存する教えのなかに無いとしても真理に契《かな》うのであれば、それを仏説として採用するという方針や、現存の教えに無いのは仏が説かなかったからではなく、単に伝承の過程で失われただけで、仏はもともと真理を漏らさず説いていたという考えも生まれました。その結果、いかなる説であっても仏説とすることが原理的に可能となったわけです。

かくして仏説は時代を下るにつれて増加し、さらにそのなかの何を釈尊の真意とするのか、それ以外のものとどう結び付けるのかについて、様々な解釈が為されていきました。それぞれの悩みに応じて「真理」を提供しえたことが、仏教が各地に広まり今日まで残った主な理由のひとつだと思います。

仏教の「二大徳目」、智慧と慈悲

「仏教は多様です、あとはそれぞれご自身で「真理」を汲み出してください」では、さすがに無責任ですので、仏教の「二大徳目」とされる智慧と慈悲を手掛かりに、共生の原理について考えてみます。

智慧は真理を見極める力を指します。これは単に世界の実相を客観的に分析するだけではなく、その正しい認識により正しい生き方を実現するという実践的な意味も含まれています。人は往々にして富や名誉、権力などを追い求め、それを得ては喜び、失っては悲しんでいますが、世界の在り方を理解できれば――あらゆるものに永遠不変の本質はなく、すべては移ろいゆくものであると（仏教的に正しく）見て取ることができれば――もはや欲望の対象に振り回されることなく、心の安らぎを得ることができると、こう考えるわけです。

慈悲は伝統的には抜苦与楽《ばっくよらく》、他者に楽を与えようとする慈と、他者の苦を抜《のぞ》こうとする悲の二つの思いであると説明されます。一言で言えば、他者を思いやる心ですね。

智慧を欠く思いやりに問題があることは常識的に理解しやすく、それに関する説明も仏典にたくさん見えます。たとえばこのような話があります。寝ている父の頭に蚊がとまったのを目にした息子が、「私の大切なお父さんの血を吸おうだなんて、けしからん」と激怒し、手に持っていた棍棒で叩きつぶそうとした。ところが蚊に逃げられたばかりか、全力で振り下ろされた棍棒は父の頭を直撃し、その命を奪ってしまった（『十誦律《じゅうじゅりつ》』巻五八）。突拍子もない話ですが、良かれと思ってしたのに、考えが足りないせいで、かえって悪い結果になるというのは、日常生活においてもしばしば目にすることです。

また、このような話もあります。「ある人が寺に詣で本尊に毎年願い事をしていたが、一向に叶う気配がない。これは仏教に霊験がないということではないか」。こう尋ねられたある禅僧は、次のように答えました。

それは違う。世の人々の願いとは往々にして、愚かな欲望に基づくものであり、それを叶えてしまえば、ますます欲望の虜となってしまう。仏菩薩の願いは、欲望に振り回される人々を救うことなのだから、願いを叶えないことこそがその慈悲なのだ。

（川瀬一馬『夢中問答集』講談社、二〇〇〇年、四〇―四一頁取意）

仏教の価値観がわかる面白い問答だと思います。私たちは往々にして、自身の欲望を出発点とし、それを満たすことに幸せを感じますが、それは視点を変えれば、欲望に振り回され自由を失っていると言えないでしょうか。たとえばギャンブルに夢中になり興奮している人と、それに興味がなく何の面白みも感じない人、どちらが自由でしょうか。仏教では自己の欲望を満足させるよりも、それから離れるほうが良いと考えますので、人の欲望を安易に叶えるのはその人の幸福に反することになります。そのことを見抜く力が智慧であり、それがなければ慈悲も実を結ばない、というわけです。

このように慈悲に智慧が必要であることはわかりやすいのですが、その反対――智慧に慈悲が必要なのかどうか――については、必ずしも明確ではありません。仏教では多くの場合、智慧から慈悲が自ずと出てくると言われ、それ以上の説明がなされることはほとんどないのですが、それを自明視せず文献を広く調べた研究者がいます。たとえば日本の高崎直道《たかさきじきどう》とドイツのシュミットハウゼン・ランベルドのふたりは仏教において、とりわけ古い時代においては、なぜ慈悲が智慧から出てくるのか、慈悲の根拠とは何であるのかについて、明確な説明は見いだしがたいと論じています。仏教において慈悲の根源が明言されないのは、その思想史的断層に由来するものと思われます。この点について以下で、ふたりの研究に依りつつ簡単に紹介します。

古い伝承によれば釈尊の一生は次のようなものでした。王子として生まれた彼は、何不自由ない暮らしをしていましたが、生者にとって不可避の老病死による苦しみについて思い悩み、王位を捨てて出家し、修行して悟りを開きました。当初彼は、教えを説くことに消極的だったそうです。自身が悟った真理はあまりに奥深いため、人に説いても無駄骨になると考えたのでした。ところがそれを残念に思った梵天という神が釈尊に説法を願い、それを受けて釈尊はようやく教えを説きだしたと伝えられています。この伝承によれば、悟りにより完成された智慧から自然と慈悲が出てくるとは言えなさそうです。

古い時代の仏教文献を見ても、慈悲の効能が説かれることはあっても、それを仏教の本質とはしていません。もちろん智慧と慈悲の双方を備えていることは素晴らしいことであり、当時も高く評価されていましたが、智慧のみでもとくに問題視されていませんでした。慈悲の出所についても、素朴な共感――自分に思い比べて他人に接しましょう、自分がしてほしいように他人にもしましょうという、いわゆる黄金律――が説かれるくらいです。

ところが五〇〇年ほど経ち、「大乗《だいじょう》」を自任する新しい時代の仏教になると、慈悲が強調されるようになります。彼らは従来の仏教を「小乗《しょうじょう》」（自己の救済のみを求める劣小な乗り物）と批判し、自ら「大乗」（あらゆる者を救済する偉大な乗り物）を以て任じ、慈悲こそが釈尊の本懐であると主張しました。釈尊は他者を救済するために長い輪廻のなかで修行してきたのであり、自身もそれに倣い皆の救済のために励むべきだと唱えたのです。彼らにとって自分のために智慧を求めるのは堕落、ないし慈悲へ移行するための準備段階であって、自利と利他の円満こそがあるべき姿でした。ですが、自利の智慧と利他の慈悲の関係については、明確な説明はなされていません。

古い仏教と新しい仏教には大きな温度差があることに、皆さんもうお気付きだと思います。修行についても同様で、古い時代には極端を避ける冷静さが通底していました。それが不苦不楽の中道という考え方で、苦行・放逸の両極端を離れた適切な修行を為すべきだとされます。ところが新しい仏教になると、極端な献身——たとえば一匹の虫のために自分の命を投げ出すような壮絶な自己犠牲——や不撓不屈の努力が讃歎されるようになります。

なぜこのような温度差が生じたのでしょうか。その理由としてよく言われるものに以下の二つがあります。第一が釈尊に対する敬意の高まりです。偉大な救済者として釈尊が人々から尊崇されるなかで、その慈悲が強調されたと言います。第二が実践のモデルとして釈尊の過去の姿が採用されたことです。釈尊に倣い皆の救済を志す大乗の人々は、その実践モデルを菩薩《ぼさつ》に求めました。菩薩とは菩提《さとり》を求める薩埵《いきもの》の意で、気の遠くなるほど長きにわたる輪廻のなかで修行に励んできた開悟以前の釈尊を指します。仏教がインド各地に広まるなかで、その土地その土地に伝わる様々な寓話が菩薩の物語として取り込まれていき、そのなかには極端な自己犠牲の話が多く含まれていました。

たとえば有名なものに「ウサギ前生物語」があります。手塚治虫のマンガ『ブッダ』でも取り上げられているので、ご存じの方も少なくないかもしれません。このような話です——森にカワウソとジャッカルとサルとウサギが住んでいた。そこに婆羅門《ばらもん》がやってきて、彼らに食べ物を求めた。カワウソは魚を、ジャッカルは串肉やトカゲなどを、サルはマンゴーを採ってきたが、普段草を食べているウサギは何も差し出せるものがない。そこでウサギは婆羅門に頼んで火をおこしてもらうと、なんと自らそこに飛び込み、我が身を焼いて婆羅門に献げた。それに心を打たれた婆羅門は、実は神の化身であり、ウサギの偉大な利他の行いを称えるために、月にその姿を描いたのであった――と、こういう話です。この話に対し「他者の救済のために我が身を投げ出したウサギは過去世の私である」という釈尊の後日談がつき、仏教説話になりました（松村恒・松田慎也『ジャータカ全集』四、春秋社、一九八八年、五三頁）。

おそらく順番としては、「月にウサギのような影が見えるのはなぜなんだろう」という素朴な疑問があり、その説明としてウサギの自己犠牲を称える話が生まれ、それが仏教に取り込まれて菩薩の物語になったのだと思うのですが、大乗の人々は実践のモデルをこのような菩薩の物語に求め、極端なまでの利他行と慈悲が讃歎されるようになったのでした。なお菩薩は元来、開悟以前の釈尊ひとりを指す言葉でしたが、大乗では釈尊と同じ悟りを目指して修行に励む人々を広く指すようになりました。

以上が新旧二層の仏教に、慈悲・利他をめぐる温度差が生じた流れです。

二つの異なる方向性

新しい時代の仏教にとって、智慧と慈悲に満ちた偉大な救世主である仏は前提となる理想像であって、両者の関係や慈悲の根拠に関する詳細な議論は当初はなされていませんでした。なされるのは後代になってからのことで、その内容も様々です。ここでは私が研究している禅宗に眼を転じ、智慧と慈悲の関係について異なる見方を示した二人の禅僧を紹介します。その二人とは、今日に至る禅宗の展開を考えるうえで欠かすことのできない大慧宗杲《だいえそうこう》と白隠慧鶴《はくいんえかく》です。

禅宗はお隣の中国で八世紀唐代に興隆した仏教の一派です。従来の仏教では仏になるためには永遠にも近い時間がかかると考えていたのに対し、禅宗では自覚の有無に関わらず、私たちの心はもともと仏なのだと説きます。仏は言うまでもなく仏教徒にとって最高の理想像です。それまで手の届かない遥か彼方に設定されていた理想が、実は我々ひとりひとりに実現していたのだと言うのです。これは伝統的な仏教理解を根底から覆す大転換でした。

ではどうすれば、その仏である己が心に目覚めることができるのでしょうか。これは禅宗史上の一大テーマであり、様々な摸索が為されましたが、最終的に今日まで続く「看話禅《かんなぜん》」の手法を確立したのが一二世紀宋代の大慧でした。のち一八世紀、江戸期の白隠はそれを承けつつ再編し、今日もなお日本の臨済・黄檗両宗において実践され続けています。二〇世紀に独自の哲学を樹立した西田幾多郎《にしだきたろう》や世界にZENを発信した鈴木大拙《すずきだいせつ》らがかつて実践したのも、大慧が大成し白隠が再編した看話禅でした。

大慧と白隠の基本的な考え方は一致しています。彼らはともに、大前提として、我々にはみな例外なく仏の心が具わっていると説きます。ですが多くの人はそれを見失っており、迷いの世界に落ち込み仏に似つかわしくない愚かな行為を繰り返しています。そこで必要となるのが、看話禅の実践です。これは「話頭《わとう》」ないし「公案《こうあん》」と呼ばれる禅の課題に全意識を集中し、それまで泥《なず》んできた妄念の連鎖を断ち切ることで、本来の清らかな仏の心に目覚める手法です。ところが智慧と慈悲の関係について、両者は異なる見方をしています。

大慧によれば、智慧を完成すれば慈悲は自ずと発揮されます。大慧の所説を踏まえれば、その理路は以下の譬喩により説明できます——我々の仏の心は光輝く宝玉のようなものである。それは本来、四方八方を照らす力を持つが、我々はそれを後生大事に両手で握りしめ、しかもそのことを忘れてしまい、あちこちキョロキョロと宝玉を探し回っている。外に探し求める愚行をやめれば、自ずと己が手中の宝玉に気づくことができるだろう。そして後生大事に握りしめていた両手を開けば、宝玉は辺り一面を明るく照らし出す。その光を目にした周りの人々も、次々と己が手中の宝玉に気づいていくだろう——。この譬喩のうち、宝玉の存在に気づくのが智慧、その光により周囲を照らし出していくのが慈悲に当たります。自分の心は本来仏であり、仏として自ずと他者を正しく導く力が本来具わっているという信念のもと、その心に目覚める智慧と、その力を発揮する慈悲とが、緊密に結びついているわけです。

一方、白隠によれば、智慧と慈悲は互いに互いを必要とするもので、いずれか一方を欠けばもう一方も台無しになってしまうという、一種の緊張関係にあります。その理路は以下の通りです——慈悲により他者を救済するには智慧が必要である。なぜなら、自分が理解していない道理を他者に示すことはできないからである。自分の智慧を完成させるためには慈悲が必要である。なぜなら実際に他者を救済しない限り、真理に悖る自己中心的な邪念を除くことはできないからである。「自分さえ良ければいい」「他人はどうでもよい」と思っている限り、自他の区別も自分への執《とら》われも克服できず、一切を平等に見る智慧の完成はありえない。智慧の完成のために慈悲を、慈悲の実現のために智慧を、倦まず弛まず一瞬一瞬発揮しつづけることではじめて、自他ともに救われる道が開ける――。白隠にとって慈悲と智慧は、一方からもう一方が自ずと出てくるような予定調和的ものではなく、互いに互いを必要とするものであり、双方を互いに運《めぐ》らす無限の循環運動においてのみ両者は成り立つものなのでした。

我々の心は本来仏であるという同じ前提を共有し、その心に立ち返るための手法として同じ看話禅を採用しながら、どうして二人の間でこのような違いが生じたのでしょうか。その背景には似ながらも異なる二人の修行体験がありました。

大慧は一六歳で出家した後、「自分はどこから生まれてきたのか、死んだらどこへ行くのか」という生死の問題に悩み続けていました。それが解決したのは二〇年後、師の圜悟《えんご》の説法を聞き悟った時のことです。ですが圜悟はその悟りを不十分なものとして認めません。大慧はさらに半年の間熱心に修行して二度目の悟りを開き、そこでようやく圜悟に認められました。その後、圜悟のもとを離れて独り立ちした大慧に、さらなる転機が訪れます。それは四〇歳で、『華厳経《けごんきょう》』というお経を読んでいた時のことです。そこに書かれていたのは、空《くう》（あらゆるものは本質を空《か》いており皆な移ろいゆく）という世界の真相を見て取った者が、何物にも執われることなく慈悲の心を巡らし人々を自在に救済する理想的な姿でした。それを目にした大慧は三度目の悟りを開き、この現実世界において自由自在に人々を教え導けるようになったそうです。彼はその後、政争に巻き込まれ、一五年もの長きに亘り遠方に流されましたが、それにめげることなく書簡を駆使して人々に看話禅を広め、多くの人を悟りへと導きました。

一方白隠が出家したのは一五歳の時、その理由は四年前に近くのお寺で聞いた地獄の話でした。それまでの粗暴な振る舞いに鑑み、このままでは自分も死んだら地獄に落ちてしまうと心底恐怖し、それから逃れるため禅宗で悟りを得ようとしたのです。彼が悟ったのは二四歳、看話禅の実践中に遠くから響く鐘の音を聞いた時のことでした。この時彼は実体なく移ろいゆく世界の真相を見て取り、死ぬべき個人は実在しないと気づいたようです。ですが同年のうちに出会った師の正受《しょうじゅ》にその悟りを否定され、更なる修行により二度目の悟りを得て、正受からも認められました。師のもとを離れて数年後、白隠は「菩提心がなければ魔道に落ちる」という一句を目にし、かつて地獄の話を聞いた時と同様に震え上がりました。それ以降、欠けば魔道に落ちるという「菩提心」とは何かと悩み続け、のち四二歳、仏が巧みに衆生を導く『法華経《ほけきょう》』を読んでいた時にコオロギの鳴き声を耳にして三度目の悟りを得ました。その時白隠は「菩提心とは説法により人々を救う利他行に他ならない」と徹見すると同時に、それまでの理解が全て間違っていたことに気づき、声をあげて泣いたそうです。その後白隠は八四歳で亡くなるまで説法に邁進しました。

大慧と白隠の共通点は多いですね。三度の悟りを得た点、最初の悟りを師に否定され二度目の悟りを得た点、師のもとを離れた後に経典をきっかけとして三度目の悟りを得た点、いずれも一致しています。

ところが三度目の悟りで両者は大きく異なっています。大慧が見ていた『華厳経』の一節では、智慧の完成にむけて実践の階梯を登る菩薩が自ずと慈悲を発揮する姿が描かれています。それを見て悟った大慧もまた、自ずと慈悲を運《めぐ》らせるようになったのでした。一方、白隠が見ていた『法華経』の一節は、仏が巧みに教えを説いて人々を救う部分であり、それを見て悟った白隠は自分の根本的な誤り——自分のために修行する限り智慧は完成しないこと、他者を救う慈悲こそが最も重要であること——に気づいたのでした。

仏の心から自然と流れ出る慈悲を実感・発揮できた大慧と、それを欠いていたことに気づいて号泣し、その後他者の救済に尽力した白隠との相違からは、同じ実践を行う禅僧であっても智慧と慈悲の捉え方が異なること、その背景にはそれぞれの問題意識や巡り合わせがあったことが分かります。

仏教的前提を越えて

最後に、これまでの話から仏教的な前提を取り除いた際に、共生についてどんなことが言えるのかを考えてみます。「命ある者はみな輪廻する」「因の善悪と果の楽苦は対応する」「慈悲の根拠は智慧である」「我々の心は本来仏である」——これらはみな外部の者には共有しがたい仏教的な前提でしょう。ただ「自分のためにする限り自身の救済はありえない。他者の為に尽くしてはじめて自身も救われる」という白隠の気付きからは、仏教の枠内に留まらない普遍的なメッセージを読み取れるように思います。

輪廻するかどうかはわからないにせよ、我々は皆いずれ老い病み死んでいきます。その時、自分のためだけに生きていた人間と、他者のために生きてきた人間のどちらが幸せでしょうか。その土壇場にまだ立ったことのない自分にはただ想像することしかできませんが、他者を犠牲にすることも厭わず、常に我利我欲だけを追求してきたのであれば、その人の世界の中心にあり、最も大切であった自分が失われてしまう瀬戸際に立たされますので、その苦しみは筆舌に尽くしがたいものではないかと思います。それに対し、全てが移ろいゆくこの世界において有限な自己に執われず、他者を慈しみ何かしら為すことができた人であれば、よい人生であったと心安らかに思えるのではないかと空想します。また、そのような土壇場に立つ前であっても、有限な自己のみを生きている人と、自他の区別を超え他者と共によく生きられている人とでは、やはり後者のほうが幸せを実感できそうに思います。有限な自己に留まる限り、自己の有限性に由来する苦しみの克服は不可能でしょうから。

以上、今回いただいた共生というテーマを軸に、仏教側から為されたアプローチと仏教の多様性を紹介するとともに、ひとりの仏教研究者として考えたことを申し述べました。拙い内容となり恐縮ですが、少しでも興味をお持ちいただける所があれば幸いです。

なお本講は二〇二二年六月一〇日に行った同題の講義に大幅な補訂を加えて成ったものであり、もとの録画データがＵＴｏｋｙｏ ＯＣＷで公開されていることを最後に申し添えます。

読書案内

仏教や禅について詳しく知りたいという方には、以下の書物をお薦めいたします。馬場紀寿『初期仏教――ブッダの思想をたどる』（岩波書店、二〇一八年）、小川隆『中国禅宗史――「禅の語録」導読』

（筑摩書房、二〇二〇年）、『新アジア仏教史』全一五巻（佼成出版社、二〇一〇―二〇一一年）。

また本講義が基づいた主な先行研究のうち、文中で示せなかったものを以下に列挙します。

共生については小内透「共生概念の再検討と新たな視点――システム共生と生活共生」（『北海道大学教育学部紀要』七九、一九九九年）、山折哲雄「共生とは何か」（『水の文化』三〇、二〇〇八年）、堀内俊郎「仏教における共生の基盤の可能性としての「捨（upekṣā）」」（『国際哲学研究』一、二〇一二年）などを参照しました。うち共生の語の危険性――聞こえの良い言葉により回避困難な矛盾や対立が覆い隠されてしまうこと――は、小内により指摘されています。椎尾の共生運動については、椎尾辨匡『共生教本』（共生会、一九六二年）、前田惠學「椎尾弁匡師と共生の思想」（『印度学仏教学研究』四五―二、一九九七年）、奈倉道隆「浄土教に基づく共生思想と大学教育」（『印度学仏教学研究』四六―二、一九九八年）、林香奈「椎尾弁匡の共生思想――戦前と戦後の著作の比較から」（『共生思想研究年報二〇〇八』、二〇〇九年）に基づいています。

仏教多様化で取り上げた論理の詳細については、本庄良文「阿毘達磨仏説論と大乗仏説論――法性、隠没経、密意」（『印度学仏教学研究』三八―一、一九八九年）をご覧ください。

智慧と慈悲の関係は、高崎直道「慈悲の淵源」（『成田山仏教研究所紀要』一五、一九九二年）、シュミットハウゼン・ランベルト「超然と同情――初期仏教にみられる精神性と救済（利）の目的」（『哲学』一〇八、二〇〇二年）、同「憐愍と空性――大乗における精神性と救済（利）の終極」（『哲学』一〇九、二〇〇三年）、同「『入菩提行論』に於ける無我、空性、そして利他の倫理」（『東洋の思想と宗教』二六、二〇〇九年）、梶山雄一・丹治昭義『八千頌般若経Ⅱ』（中央公論社、一九七五年）、岩田孝「仏教論理学派による世尊の量性の証明における悲愍」(『東方学』一〇四、二〇〇二年)を参照しました。

大慧と白隠の詳細については、拙文「大慧宗杲の悟りの構造」(『インド哲学仏教学研究』三一、二〇二三年)、「白隠の実践体系とその背景」(『国際禅研究』九、二〇二二年)をご覧いただければ幸いです。

II

わたる

日本語の「わたる」は、「渡る」とも「亘る」とも書くことができる。われわれは、自分が置かれている環境で植物と動物と他人などと日々共生しながら、そこで生み出されるさまざまな断裂や違いを生きなければならない。それらのカテゴリーをわたりながら、共生という難問に向き合うことは可能だろうか。第II部に収められている三つの講義は、各カテゴリーにおける問題点に注目し、生物学・哲学・文学のアプローチで「他者」へと手を差し伸べ、来るべき共生する道を切り開くことを試みる。

（王欽）

第5講

自然に意義を見出す価値観を育てる

中国の自然保護活動における共生

呂植 ［訳］片岡真伊

Lü Zhi●北京大学生命科学学院教授。一九六五年生まれ。理学博士（動物学）。研究分野は動物学、生態学、生物保護学、生物多様性保護など。主な論文に“Why do we need a wildlife consumption ban in China?”, Current Biology 2021, 31(4);“Snow leopard poaching and trade in China 2000–2013”, Biological conservation 2014, 176 など。山水自然保護センターの創始者で理事。北京大学自然保護と社会発展研究センター主任、中国女性科学技術従業者協会副会長、世界雪豹保護ネットワーク代表。

かたおか・まい●国際日本文化研究センター准教授、総合研究大学院大学准教授（併任）。一九八七年栃木県生まれ。総合研究大学院大学（国際日本研究）博士後期課程修了、博士（学術）。専門は日本近現代文学、比較文学。近著に『日本の小説の翻訳にまつわる特異な問題——文化の架橋者たちがみた「あいだ」』（中央公論新社）、論文に「マンガ翻訳の海賊たち」『海賊史観からみた世界史の再構築』（思文閣出版）などがある。

はじめに

自然との共生は何も新しい話題ではなく、数多くの学者や自然保護活動家によって長年にわたり取り上げられてきたものです。私自身も、保全生物学の専門家として、ジャイアントパンダをはじめとする野生動物やその生息環境の保全に長く携わってきました。

二〇一〇年に愛知県名古屋市で開催された生物多様性条約第一〇回締約国会議（COP10）は、生物多様性保存のために二〇一〇年以降の一〇年間で達成すべき目標として、「戦略計画二〇一一―二〇二〇（愛知目標）」が設けられた転換点としても知られています（環境省ウェブサイト「生物多様性」https://www.biodic.go.jp/biodiversity/about/aichi_targets/index.html 二〇二四年五月二九日閲覧）。この会議では同時に、二〇五〇年までに達成すべき中長期目標（ビジョン）も提起・承認されました。そのビジョンは非常にシンプルで、「自然と共生する世界」（"Living in Harmony with Nature"）です。その内容は以下のように説明されています。

二〇五〇年までに、生物多様性が評価され、保全され、回復され、そして賢明に利用され、そのことによって生態系サービスが保持され、健全な地球が維持され、全ての人々に不可欠な恩恵が与えられる。（環境省ウェブサイト「生物多様性」「戦略計画二〇一一―二〇二〇のビジョンとミッション及び個別目標『愛知目標』」ページ https://www.biodic.go.jp/biodiversity/about/aichi_targets/

index_02.html 二〇二四年五月二九日閲覧)。

愛知目標では、次の三つのことが述べられています。

第一に、生物多様性そのものと、生物多様性および生態系の価値を認知・保全し、さらには生物多様性への脅威を排除、あるいは減らすこと。第二に、生物多様性が生みだす恩恵は持続的に、かつすべての人びとの間で公平に共有され、利用されなければならないこと。そして第三に、上記の二つを実現するような仕組みを人類社会が考え出す必要があることです。

このビジョンは、地球がすべての人々にとって不可欠な恩恵を、途切れずにもたらし続けられることを目指しています。なぜなら、地球に住む私たちすべての人間が、天然資源や自然が生み出すものに大きく依存し、影響を受けているからです。たとえそれが、空気や水、食べ物、薬、繊維のように目で見て触れることのできるものであろうと、病気や気候変動が引き起こす洪水などの自然災害に関する規制（regulation）などの無形資源などであろうと、です。

例えば新型コロナウイルス感染症（COVID-19）は人間とその他の種との壁を突破するような人獣共通感染症です。そのため、自然のシステムと人間のシステムとの間の壁を慎重に管理しなければ、野生生物と人間の間では数多くの病が共有されることになるのです。

＊ 本講は呂植氏が作成した出版用原稿を片岡真伊氏が日本語に翻訳・校閲し、編者の石井剛氏が呂植氏の確認を経ながら監修したものです。

「自然と共生する世界」(“Living in Harmony with Nature”)はビジョン、そしてゴールであるとともに、未だに成功していないことでもあります。一方で、多くの人々が長い間抱えていた不安であり、多くの疑問を投げかけるものでもあります。それは幻想なのでしょうか。あるいはこの「共生」という言葉は現実化しうるのでしょうか。いかなる条件下においてこの共生を達成することができるのか、この問いに対して、私自身の経験に基づいた三つの例の紹介を通して答えていきたいと思います。

自然保護と人間のための開発の両立

私がはじめてフィールドに出てから長い時が経ちました。**図1**は三〇年前の写真です。私はジャイアントパンダについて七年間研究しました。この動物が森林で竹を食べながらどう暮らしているかを研究する中で、人間が木材などの資源を利用することにより、彼らの生息地が徐々に減少していることが明らかになりました。

図2は、私が研究対象としている秦嶺山脈の写真です。この地域は長江と黄河――何億もの人々に水を供給する中国の二本の最大河川です――に挟まれた中国の中央にあります。この山はジャイアントパンダの生息地でもあり、私が博士論文の執筆時に何年もかけてパンダの観察を続ける中で、森林が人々のために開拓されていった場所でもあります。言うまでもなく、私はこのことに対して強い不安を覚えました。そこで中国政府に疑問を投げかけたところ、この場所は速やかに自然保護区に指定されました。

ところが、自然保護区に指定されなかった多くのパンダの生息地では木材の伐採が続いたのです。それらの場所も自然保護区にするように、政府にその都度特別許可を申請するわけにもいきません。加えて、国には木材の供給も不可欠です。では、どのようにすればこの問題を解決できるのでしょうか。

私はフィールドワークをしているときに、「自分たちが貧しいのに、なぜパンダを保護するのか」と地域の人びとから聞かれるのがいやでした。「パンダを保護することは、私たちの生活を守ることだ」というスローガンが壁に掲げられていたにもかかわらず、この質問をされるのです。つまりこのスローガンは、一九九〇年代——人々の多くが貧しい状況下で暮らしていた時代——には人々の心には大して響いていなかったのです。そこで、私はこのスローガンをどうすれば現実のものにできるかを考えることに強い関心を抱くようになりました。

図1　パンダの幼体を撮影する筆者
(筆者提供。以下、本講の図版で出典表記のないものは筆者による)

私たちは、三〇〇平方キロメートルほどのとある生息地一カ所を自然保護区にすることには成功しましたが、それ以外の三万平方キロメートルにも及ぶパンダの生息地はどうでしょうか。そして、その他にもある多くの生息地や、ひいてはパンダ以外の種の場合についてはどうなるのでしょうか。共生を現実の

図2　秦嶺山脈にたたずむ筆者

ものとするためには、物事を実現するための何らかの仕組みを考え出す必要があります。

図3に示される曲線は、環境クズネッツ曲線（Environmental Kuznets Curve）と呼ばれるもので、環境の悪化と一人当たりの所得との関係性を表します。これは単なる仮説ではなく、先進国の経験そのものでもあります。

例えば、アメリカでの二酸化硫黄排出は**図4**が示すような推移をたどっており、人々が貧しく一人当たりの所得が低い時には、しばしば所得創出が環境を犠牲にしていることを意味しています。そのため、人々が環境に関心を向け始めるレベルに所得が達するまでは、環境の悪化率が急速に上昇することになります。そしてその後に悪化率が急速に減少し始めます。アメリカやその他の多くの国で測定したところ、一人当たり約八〇〇〇～一万アメリカドルで、この転換点に達することが明らかになっています。

九〇年代に環境クズネッツ曲線が最初に示されたこ

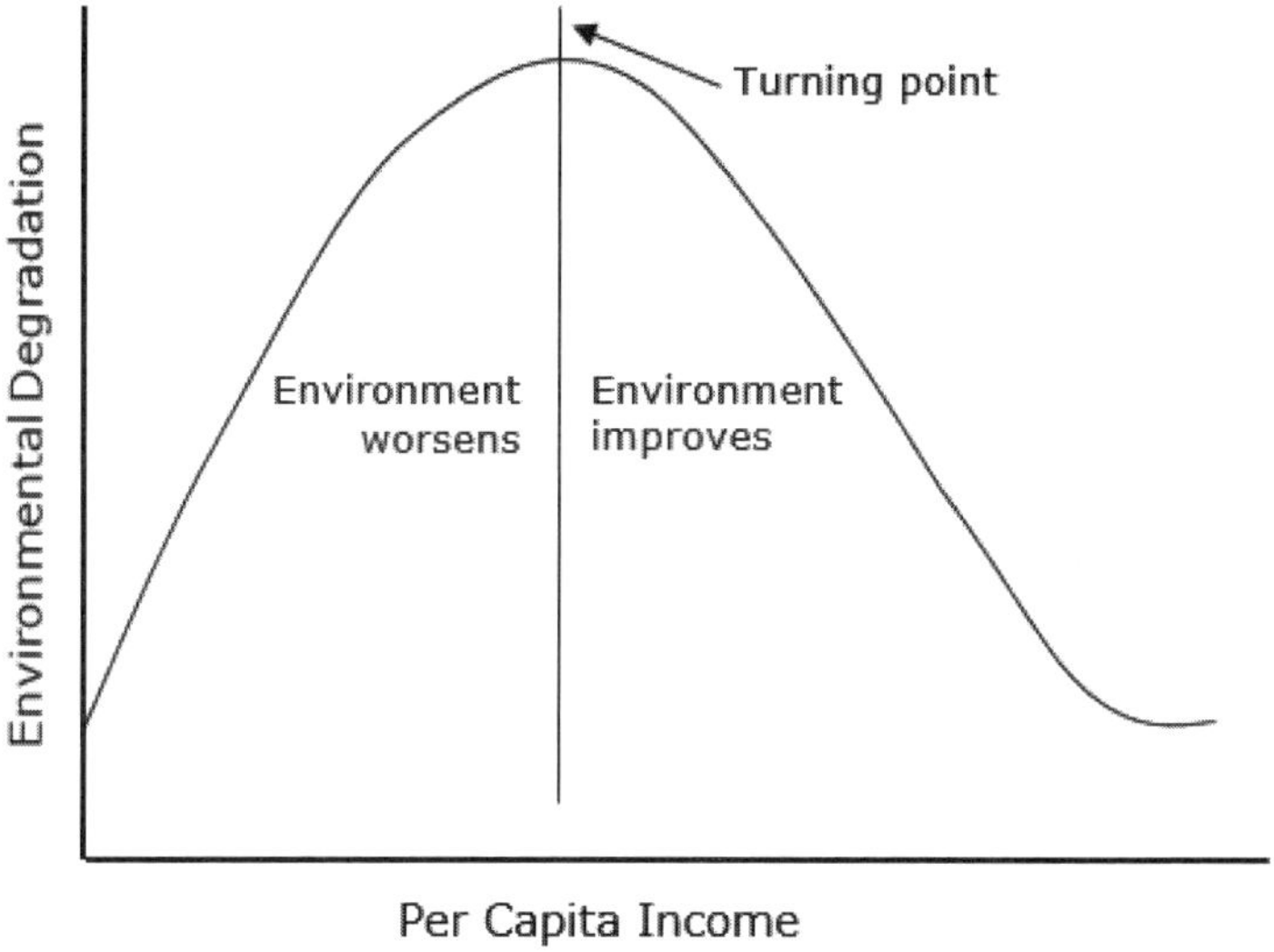

図 3　環境クズネッツ曲線

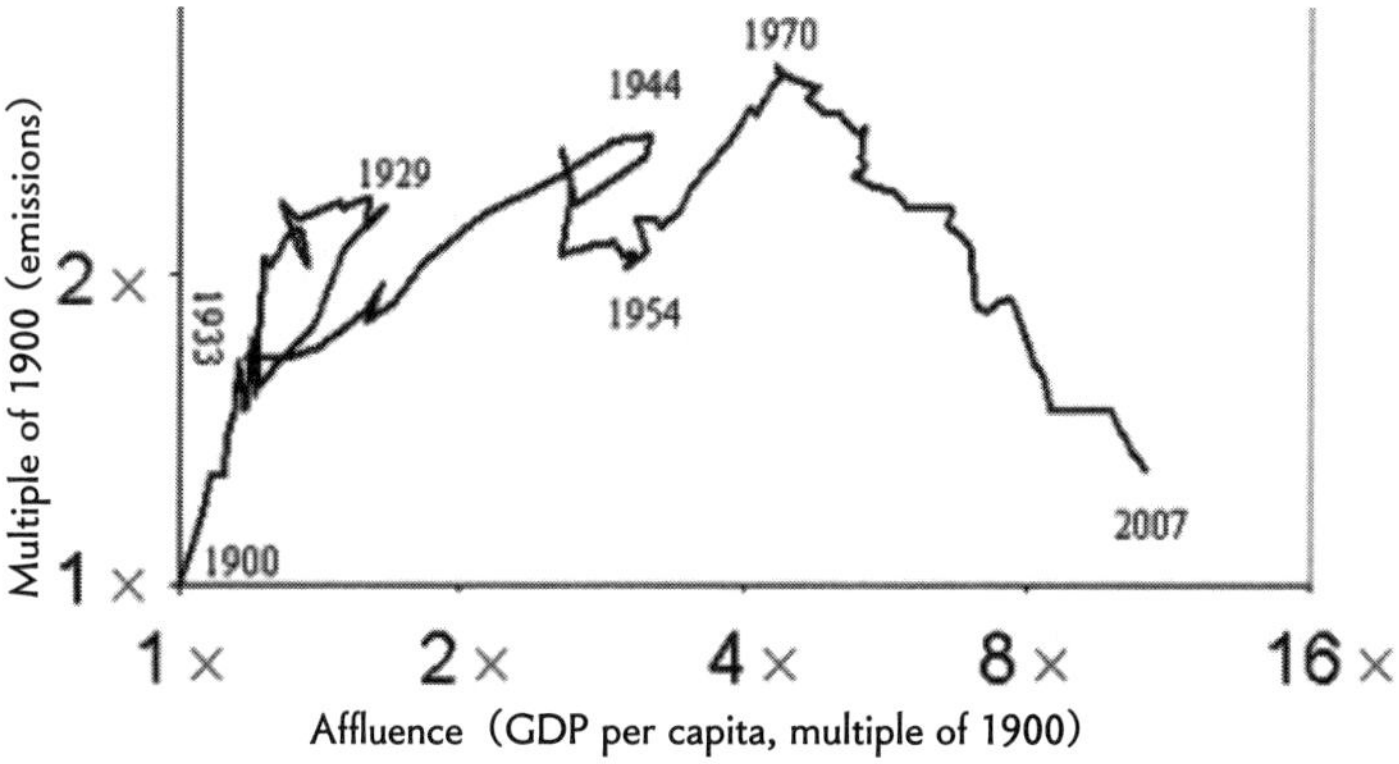

図 4　アメリカの二酸化硫黄排出に関する環境クズネッツ曲線

出典　P.Waggoner and J. Ausubel, 2009

ろにニューヨーク・タイムズ紙に掲載されたある記事は、裕福な人々は環境に優しいと述べていました。もし地球のすべての貧困層がアメリカの一人当たりの所得に到達するまで環境を犠牲にすれば地球が崩壊してしまう可能性がある一方で、すべての貧困層の人びとにも開発する権利がある、というジレンマがここにはあります。しかし、はたしてその時まで地球は持ちこたえることができるでしょうか。

ここからは、私たちの取り組みが異なる経済的・社会的条件下において共生を達成しえた方法、そしてその理由を提示します。取り上げる三つの事例は、三カ所の地域に関連します（図5参照）。まずパンダの生息地である四川省の平武県です。私が長年働いた場所で、人口密度も比較的低く、経済成長も緩やかな場所です。次に低開発で人口規模の小さい地域である三江源の事例を挙げます。そして最後に北京です。ご存じのとおり、北京では人口が非常に密集し、経済が飛躍的に成長しています。これら三カ所でどう共生が実現したのかを見てみましょう。この三つの例を見れば、これらは世界的にも典型的な例であるとともに、その人口規模や経済発展、自然条件の全てが、実のところ結びつきあっていることがわかるでしょう。共生の問題は、中国だけではなく世界が解決しなければならない課題でもあります。そのため、中国が自然との共生の問題をどう解決したかを知れば、そこで得た経験と教訓を世界にも提供できる可能性があります。

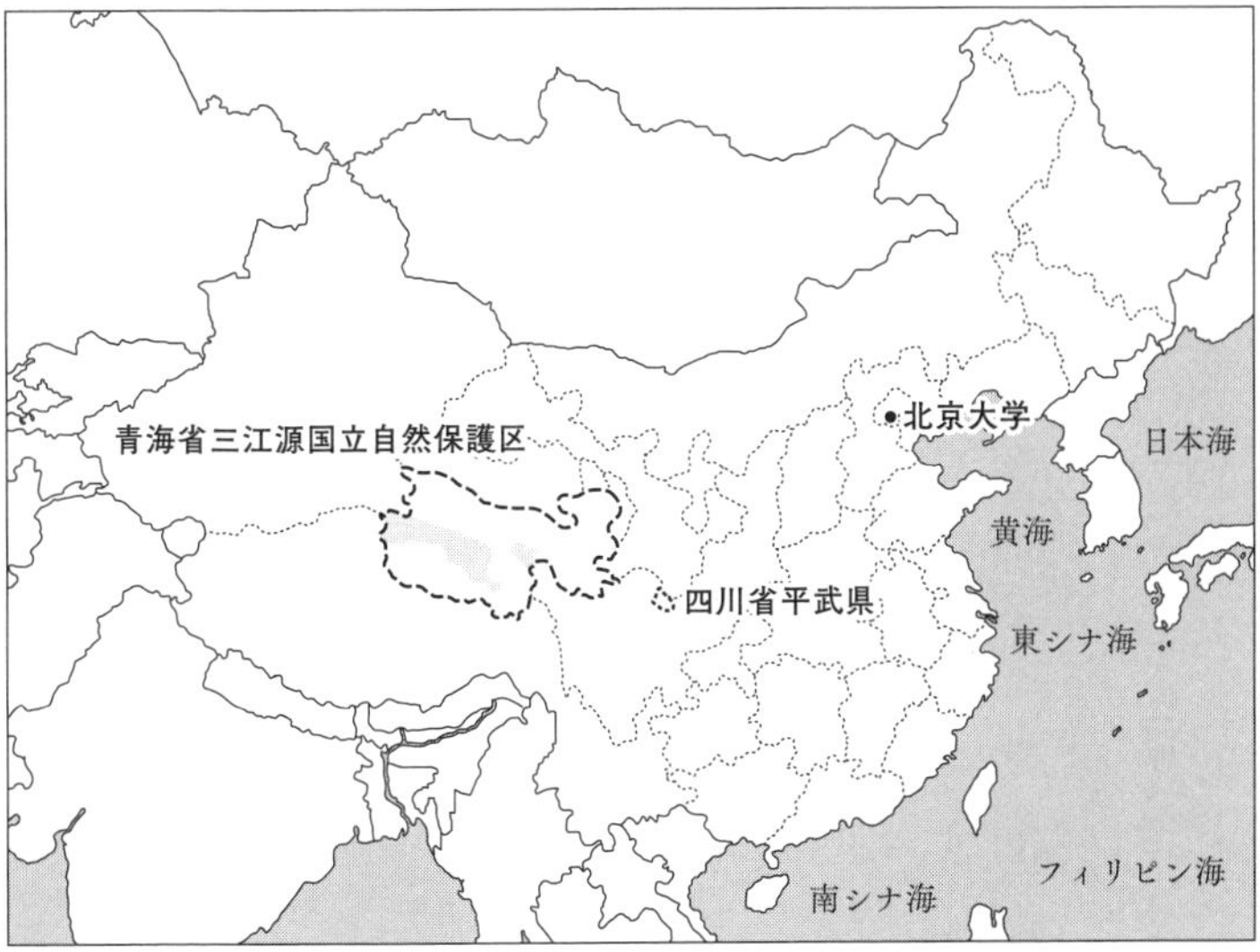

図5　本講で言及する3つの事例

注　青海省三江源国立自然保護区は黒の破線が総合試験区、グレーの網かけが公園指定地域をそれぞれ示す。

パンダ・ハニー・プロジェクト
――森がもたらす恵みによる共存

まず、パンダの事例から見ていきましょう。私が一九八〇年代にパンダを研究していたとき、パンダの生息地は主に森林の伐採によって脅かされていました。ところが一九九八年になると、パンダの生息地を含む全ての自然林における伐採を国がやめさせました。これでパンダの生息地は回復に向かうだろうと私は思いましたし、多くの地域では実際にそうなりました。

しかし、中国におけるパンダの最多数生息地で、三〇〇頭以上のパンダがいる四川省の平武県に目を向けると、一九九八年以降に驚くべき状況が生じていました。自然林の伐採が禁止された一〇年後にあたる二〇〇八年に、その間の生息地の変化を測定したところ、伐採の禁止後も毎年一パーセントずつ面積が減少していたのです。つまり、伐採をやめたにもかかわらず、開発は中止されなかったのです。水力開発や道路建設、街や村の建設、鉱業採掘、これら全てがパンダの生息地を大幅に奪っていました。

理解できないことではありません。この地域に住む人びとが、自分たちにも開発の権利があると考えている以上、パンダがそこに住んでいるからといって、森林の伐採だけでなく地域の開発までを禁止することはできないのです。

これらの開発の中で、パンダの生息地の減少にもっとも顕著な影響を及ぼしていたのは放牧でした。森林の伐採が禁止されたために、伐採業に携わる人びとの収入が減少し、その埋め合わせとして増加した放牧がパンダの生息地を奪っていたのです。

この問題を解決するために私たちが平武県で始めたプロジェクトの一つは、この地域に住んでいる人びとが環境と親和的な形で生計を立てられる手段を探すことでした。

度重なる試行錯誤の末に、放牧の代わりになるものとして蜂蜜製品の製造を見出しました。人々は蜂蜜を生産するために昔からミツバチを育てていましたが、その価格は非常に低いままでした。当時の販売価格は一キロ当たりたったの一〇元で、蜂蜜を販売するためにバスに乗って街に行く費用すら賄えませんでした。ところが、蜂蜜の品質と含まれる成分を確認したところ、この蜂蜜が非常に高品質なものであり、しかもパンダの生息地で育つ自然の花から採られたものであることがわかりました。この蜂蜜は価値ある完璧なエコプロダクト（環境に配慮した商品）であり、より高価な販売価格にふさわしいものだったのです。

そこで私たちは、パンダ・ハニー・プロジェクトというプログラムを立ち上げました。蜂蜜の販売会社を設立し、都市部の消費者に対して、その蜂蜜を従来の販売価格の五〇倍から最大で一〇〇倍もの価格で購入するように働きかける試みです。販売価格を従来の五〇倍、つまり一キロ当たり五〇〇元に設定するのが適正だと当初考えたのは、ニュージーランドやドイツから輸入される蜂蜜が一キロ当たり二〇〇〇元もの高価格で販売されていたからです。パンダ・ハニー・プロジェクトの蜂蜜の販売価格を一キロ当たり四〇〇元から六〇〇〇元の価格にまで上昇させることはできましたが、販売には手間も時間もかかり、この価格では販売を担当する会社にとって収支はかろうじてプラスマイナス・ゼロといったところでした。

しかし、販売会社が村の住人から蜂蜜を買い取る価格は、かつて村人たちが販売していたときの販売価格の一〇倍である、一キロ当たり一〇〇元にまで上がりました。その結果、蜂蜜を村にとっての明確な収入源にするというこのプロジェクトの意図は達成されました。さらに予想もしていなかったことが起きました。仕事のために街に出ていた若い人たちが、休暇で村に帰省した際にこのプロジェクトのことを知って興味を持ちました。そしてそのうちの七人がこのエコプロダクトをつくるビジネスのために村に戻る決断をしたのです。

彼らが目を向けたのは蜂蜜だけではなく、川、そして魚でした。かつて村の川にいた魚は、既に絶滅するほどに獲り尽くされていました。彼らは川に再び魚を放ち、魚をさらに高値で売ることを考えました。同時に私たちの後押しで、彼らは森林にも目を向け始めました。人間とパンダが共有する自然林から蜂蜜が作られているならば、さらに多くの商品をその森で見つけることができると考えたからです。こうして森林の保全は、村の住民たちの関心を引くようになりました。

彼らは地域住民による保護地域を設けました。そしてこのことを地方政府が知りました。森林の保全は、人員が不足していた地方政府にとっては行いたくとも実行が困難なジレンマでしたが、村が森林保全に関心を示したという事実が、村と契約を結んで国有の森を保護させるという決断に政府を踏み切らせました。こうしてパンダの保護地域は、さらに大規模なものに拡充されたのです。

そうして森林が保全されたことで野生生物が戻ってきました。四年間にわたる保護の結果、より多くのパンダが村々にとって身近な存在となりました。今ではパンダだけではなく、その他の多くの生物種が村に生息しており、朝にはホエジカやマエガミジカが興味津々の面持ちで村に暮らす人々を見つめている様子を目にすることができます。狩猟や村での違法な伐採もすでに中止されました。

地方政府が村の住人たちと契約を結んだからこそ、村は保全プロジェクトに取り組むために、自分たち自身のNGOを設立する決断をしたのです。そして今、村には蜂蜜協同組合とその他の暮らしに関わる協同組合があり、それらと村が連携した独自の委員会もあり、実に調和の取れた形で協力し合っています。村の人びとの暮らしが地域の生物多様性がもたらす資源に大きく左右されるものだからこそ、保全活動によって生物多様性が向上することで、村の暮らしがより良いものになるのです。そこには政府による補償や、村の人びとが保全サービスを行うことに対する支払いも含まれています。

これは、市場原理と行政からの支援、NGOによる支援、そして村での活動が相乗効果をもたらし保全活動そのものが、地域で暮らす人びとが生計を立てることに直結するのです。

た事例です。周辺に野生生物とより良い森林が戻ったこの村では、エコツーリズム・プロジェクトが育っています。そして、食料や野菜の提供、ホームステイの提供などを通じて、どの世帯もこれに関わるようになっています。村の住人たちは、村の外から来る人たちに、自然の楽しみ方を解説したり、田舎での暮らしを楽しんでもらうために一緒に出かけたりするのです。

一瓶の蜂蜜をきっかけに始まったこの話は周辺の村々の励みとなり、今ではパンダの生息地にある数多くの村が、同じことをするために彼らから学びたいと考えています。

地域密着型保全活動——文化的価値観と参加が支える共存

次は、三江源という辺境の話です。この地名は文字通り三本の川の源流を意味します。この三本の川とは、黄河と長江、メコン川のことを指します。メコン川は、東南アジアに流れ込んでいます。この三河川は、下流の中国と東南アジアの人々を含む少なくとも六億人もの人々に水を供給しています。また三江源はユキヒョウをも含む多くの大型肉食動物の生息地でもあります。いくつかの街には人口が集中しているものの、人びとのいない地域と、わずかばかりいる地域、そして適度な人数の人びとが住んでいる地域に分かれています。チベット地区、あるいは、比較的手付かずのままで自然生態系が残っているところに適度な人数の人びとが住んでおり、ここに大型の肉食動物も生息しています。この地域には草食動物とそれを支える十分な生息地を伴う、かなり強固なサポート・システム、具体的にはあらゆる草食動物を支える牧草地があります。

チベット高原には世界の大型の肉食動物のほとんどの種が生息しています。私たちが大型の肉食動物について話す時にまず思い浮かべるのは、ライオンやヒョウ、チーターなど多くの肉食動物のいる東アフリカかもしれません。しかし実は、チベット高原は東アフリカよりもさらに多くの種を支えています。ヒマラヤ山脈が聳え立ち、インド大陸とユーラシア大陸の衝突がチベット高原周辺に数多くの山々を隆起させて作り上げた複雑な生息地が、実に数多くの種や生物多様性を支えているのです。

そしてまた運の良いことに、チベット仏教が人びとの間で主な文化的価値観として共有されています。人びとは、その他の生き物と生息地を共有するのが非常に名誉なことであり、しかも競争ではなく価値あることだと考えています。その一例として、数多くの聖なる山や湖で狩猟が禁じられていることが挙げられます。五年ほど前にこの地域が猛吹雪に見舞われて家畜が飢餓状態になり、政府と市民が経済的・物質的支援を行いました。家畜に飼料が与えられるとすぐに、人びとは牧草、そして干し草を山まで運び始めました。家畜と同じく飢えていた野生動物に食べさせるためでした。

この地域では、人びとを恐れず自由に歩き回る野生動物を、頻繁に目にすることができます。これは、この土地が文化的価値観に基づいて多くの大型の肉食動物を支えてきた結果です。私たちは、文化的な豊かさと種の豊富さとの関係性に関する研究を行ってきました。より伝統的な文化的価値観が残っていればいるほど、より多くの種を村で目にすることになります。

ここ数年で、私の研究は、野生生物を観察するものから、野生生物と自然生態系、そして社会経済的変化とを観察するものへと移り変わってきました。自然システムと社会経済システムとがどのように相互作用するのか、また気候変動や政策、そして外側に広がるグローバル化した世界からどのよう

図6　青海省三江源国立自然保護区

な影響を受けるのかに着目しています。チベット高原とてそうした影響を免れないのです。

図6が、三江源国立自然保護区にある現在の私の仕事場です。美しい場所です。私たちの研究により、先に述べた二つのシステムは共存しうることがわかりました。例えば、ユキヒョウとバーラルは、より起伏の多い生息地を選び、人びとや家畜はより平坦な地域である平原を選びます。両者は時折出くわすことがあるものの、ほとんどの場合は距離を取り続ける傾向にあります。別々の生態学的地位が、これらの二つのシステムが同時に共存することを可能にしているのです。

一方で、大型の肉食動物と人びとの間には対立も見受けられました。大型の肉食動物は手に入れられる動物ならばなんでも食べます。家畜も食べてしまいます。目立つのは狼や熊の事例で、ユキヒョウはこの二種に比べると事例は少なくなります。家畜はとりたてて脚が速いわけでもなく、他の野生の有蹄類と比較して強いというわけでもありません。ですから、自然と狼やユキヒョウに食べられてしまい、放牧者に多大な損害をもたらすのです。

チベット仏教が不殺生を説いているにもかかわらず、地域の人びとの家畜であるヤクが野生動物の被害に遭い、人びとの生活が壊されたときに、報復的な野生動物の殺害が起こったことが一度あります。野生の肉食動物が家畜も含めた有蹄類を食べることは地域の人びとにも理解できるものの、人びとにも自分たちの暮らしを守る権利があります。この衝突は解決されなければなりません。

ヤクがさまざまな肉食動物によって捕食されてしまうことの損害の程度を調査したデータがあります。このデータに基づいて、中国政府は、野生動物による捕食被害のための家畜の損失保険を考えだしました。ですが、政府の職員の数が極めて限定されているため、保険の補償金を村の住人たちが予定通りに受け取れないこともしばしば起きています。

このような状況下で、私たちは手助けをすることに決めました。まず資金を工面しましたが、野生動物によって家畜が殺された村人に補償金を支払う代わりに、村の基金を立ち上げました。最初の一年間は、この村の基金は村人が選出した委員会によって管理されていました。支払いがどのように行われるか、家畜の損失に対してどれだけ払うかの基準は彼らが決めるのです。例えば、放牧者が家畜の群れの世話をきちんとしていなかったと判断されれば、家畜が狼によって殺されても補償金の支払いの対象外となります。放牧者には家畜の群れを管理する責任があるからです。

補償金の支払い件数の規模に関しても、支払い額に関しても、数年間の試用期間を経て、人々の満足度が上昇するのがわかりました。最も重要な成果は、家畜の群れがよりしっかりと管理されるようになり、家畜が捕食されたり、殺されたりする事例が減ったことです。この取り組みは被害の事後に補償金を支払うものですが、どちらかというと予防策として機能したと言えるでしょう。

ここで鍵となったのは、管理を村の住人へと譲渡したこと、すなわち彼ら自身が基金を管理し、支払いを行うようにしたことです。私たちが書いた論文では、ユキヒョウとチベット仏教の分布、これら二つを比較しました。ユキヒョウの分布は、チベット仏教地域の分布とその大部分が重なるのです。トラやライオンのようなその他の大型肉食動物に比べて、ユキヒョウの頭数が増え続けている一因として、このことが考えられるかもしれません。

肉食動物のために人々が失ったものを補償する取り組みに加え、私たちは、パンダ・ハニー・プロジェクトでしたようなことを、この地域でもさらに何かできないかと考えています。人々が保全活動の恩恵を受けられるようにしたいのです。最初に、私たちは三江源においても、地域密着型の保全活動を推し進めました。三江源は中国で作られた初の国立公園です。三江源における重要かつ画期的な取り組みとして、国立公園内に住んでいた人びとを排除するのではなく、すべての世帯に対して動物の生息地を守る警備の仕事を提供したことが挙げられます。彼らはその仕事によって報酬を支払われており、また地域コミュニティが行う保全サービスに対して政府が補助を与えています。

多くの種が今なお存在し、それらを観察できるこの地域においては、ネイチャー・ウォッチングやエコツーリズムがビジネスになっています。モニタリング（監視）および保護に取り組んでいる村の住人たちは、協同組合を作ってガイド役や解説担当を務め、観光客に野生動物も観察方法を伝授するのに十分な知識を蓄えています。ツアーの中で観光客がユキヒョウを目撃するチャンスは五〇パーセントを超えています。二〇一九年のコロナ・パンデミック以前には、一〇〇万元がこの村の協同組合の手により生み出されていました。この協同組合は、ホームステイを提供し、外部からの観光客へのガイドを提供するため、二一世帯により形成されているものです。このプログラムにとっての重要な要素の一つは、この一〇〇万元が村全体で共有されていることです。そのうちの四五パーセントの金額が二一世帯で配分され、さらに四五パーセントが村のコミュニティーの収入となって公共コストの支払いに充てられます。この大部分は子供や年配の人たちのために使われます。残りの一〇パーセントは野生生物の基金に使われ、肉食動物の捕食による損失補償の支払いに充てられています。

エコツーリズムが成功している背景には、村全体が自然保護のために努力し、協同組合をなす二一世帯が村全体のために代表して資金を生み出していることがあります。二一世帯は彼らの代表としてより多くの金額を受け取りますが、その他の村のどの世帯にも、少しばかりの金額が分配されています。この収入の配分の仕方は村の委員会により決定されたものです。

限られた空間の中に保護区域をつくる——北京の事例

最後にご紹介したいのが、私の大学、北京大学の事例です。このプログラムは学生たちが自ら実施したものなので、この例を共有できることを非常に誇りに思います。

図7がキャンパスの概観です。キャンパスにはたくさんの木々があるのが見えるでしょう。一九二〇年代に、宣教師であるジョン・レイトン・スチュアートが燕京大学と呼ばれる大学を設立しました。この場所は元々は中国の王朝の宮廷庭園の一部でしたが破壊され、彼が引き受けた時には水田になっていました。スチュアートは、キャンパスのデザインを依頼するために二名の教授を招きました。そ

図7　北京大学キャンパス

のうちの一人は建物を中国風にデザインし、もう一人の教授がキャンパスのために庭園をデザインしました。彼は化学の教授でしたが植物学者でもあり、三万株もの植物を北京中から集め、キャンパスに植えたのです。

今日私たちが目にするのは、現在のキャンパスの姿を写したこの写真にも見えるように極めて自然な植生です。このキャンパス内のとても自然な在来種が自然な生態系を生み出し、北京の住人にとってバードウォッチングのホットスポットになっています。五〇〇種以上の植物と二三〇種以上の鳥を楽しむことができます。これはなかなかすごいことです。つまり、中国に棲息する一四〇〇種の鳥類のうち、七分の一に相当する鳥類をこのキャンパスでは目にすることができるのです。それに加えて哺乳類や魚類、両生類、蝶類、トンボ類も見ることができます。私たちは二〇〇三年以来、キャンパスの生態系のモニタリングを続け、これらの数を根拠に、キャンパスが極めて重要な生物多様性地域となっていること、そして保護すべきであることを大学の事務局に提言しました。二年にわたる努力のすえ、大学の事務局により、この区域はキャンパス内の保護地区に認定されました。これはおそらく世界初の試みとなります。

おそらく東京大学でもキャンパスに多様な生物種が棲息し、それらの保護が行われていると思います。ただし、どこのキャンパスも条件がちがいますので、それぞれの特性にあった保全が必要です。北京大学キャンパスの場合、五万人以上の人々が生活するたった一平方キロメートルの場所で絶滅危惧種を含む多くの種を支えなければなりませんから、どの程度の共生が可能かを試す恰好の事例になるでしょう。

北京大学でそれができるならば、ほかのさまざまな市の公園やキャンパスでもできることでしょう。実際に、北京大学キャンパスでの取り組みにインスピレーションを受けた北京市が、自然都市を謳うようになりました。北京市の現在の人口は、二〇〇〇万人以上です。一方で、植生被覆率は五〇パーセント近くにのぼり、五〇〇種以上の鳥類が生息しています。つまり、中国に生息する鳥類の三分の一を北京のような大都市で目にすることができるのです。

二〇〇〇年から二〇二〇年にかけての北京の森林の分布と、森林や植生が時間と共にどのように変化したかを調べたところ、北京郊外では何カ所か、都市開発による植生の減少が確認されました。一方で、都市の周辺部の山々では植生が増加しています。最近の世界各地の都市には、植生を増やし、都市生活者にとってより良い生活環境を生み出そうという傾向が見られますが、北京も同じです。

こうした状況を踏まえて私たちは、北京の中で保護すべき地域の優先順位を定める戦略を立てると共に、自然教育のプログラムを考案しました。環境教育は北京で人気を集めつつあります。北京だけでなく、中国も変わりつつあります。単に土地をさらに植生豊かなものに変えるだけではなく、近代的な文化・価値観をも変えようとしているのです。これが今起こっていることです。住民の多くが、この活動に参加しています。

社会環境の条件が異なれば、人びとに共生を促す条件もまた異なるということを、私たちは三つの地域の事例から学びました。例えば、北京での経済発展は、環境クズネッツ曲線の転換点に既に到達しているかもしれません。ですが、四川のパンダの生息地と三江源、チベット高原は、その曲線のかなり左側に位置しているものの、共生を実現することができるかもしれません。それは人びとがより良い生活を送るための収入源を確保できたからだけではなく、彼らの活動が地域社会や政府から認められているという実感を持つことができたからです。

先に触れたように、チベット高原には伝統的な文化的価値観、精神的価値観があります。不殺生の考えは命を守る上で高い価値があり、この場所が非常に豊かな生物多様性を保つことができた重要な理由の一つとなっています。人間の欲求には基本的な生理的欲求だけではなく社会的な欲求や精神的な欲求があるでしょうが、特にチベット高山からの例にも明らかなように、それらレベルの異なる欲求は同時に生じる可能性があります。それに対応するためには、これらの欲求を同時に動かす条件を整えなければなりません。言い換えれば、適切な価値づけが行われれば、これらの欲求は同時に動かし得ることになるでしょう。

結局のところ私たちが知ったのは、積極的に環境保護を実践している人たちが、裕福な人たちであるとは限らないということです。経済的に貧しい人びとであっても、自然を価値あるものとして認識するような価値体系がそこにあれば、環境に優しくなることができるのです。

そして、もしかすると、私たちは生活の質を間違った方法で評価しているのかもしれません。国内総生産（GDP）だけが唯一の評価方法ではありません。そこには、全体的な視点がなければならず、その視点は、自然を価値あるものとして認識するような価値体系を組み込んだものでなければなりません。もし地球上の社会全体がこのような価値を認めたならば、保全の重要さを広く共有することができるかもしれません。これは保全活動においてもっとも難しい課題とされていることです。ポスト愛知目標として、二〇三〇年までと二〇五〇年までそれぞれの目標を立てるべく、昆明・モントリオール生物多様性枠組が二〇二二年一二月のCOP15で採択されました。保全の重要さが広く共有されるとは、保全は自然保護活動家だけが責任を負うものではなく、社会のあらゆる部門や、政府・企業、それらにより責任を共有される仕事でなければならないということを意味しています。では、なぜそれが今この瞬間に実現していないのでしょうか。その理由は、私たちの価値体系が変化していないことにあります。

変化、しかも新たな文明を目指す変化は、価値体系を組み込んだものでなければならないということを私は学びました。私が紹介した事例は、全世界がこのように変化していくことの説得材料としてはあまりに小さな例かもしれませんが、何が可能なのかを私たちに教えてくれるのです。

A　中国には、企業が行う保全活動はありますか。

呂植　あります。私が紹介した三つの事例のうち、四川省と三江源の事例は経済面で企業の支援を受けています。アリババグループは、自社のオンライン・プラットフォーム上でユーザーがためるグリーン・エネルギーというポイントのようなものを、ユーザーがサポートしたい地域の保全活動に対して寄付できる仕組みを設けています。その寄付に応じて、アリババグループ傘下の財団が実際に経済的な負担を行うのです。多くのユーザーが参加することで企業はブランド価値を高め、保護地域は経済的な支援を受けられる、ウィンウィンの関係だと言えるでしょう。

B　パンダ・ハニー・プロジェクトがとても興味深かったのですが、パンダは環境保護のシンボルとして極めて成功した事例であって、絶滅の危機にさらされていることが知られず、保護することに経済的な利点もないと思われるような種が実際には他にもいるかもしれません。我々はそのような種をどのように守ればいいのでしょうか。

呂植　その問いは国際生物多様性枠組の交渉過程でも議論されました。一つの答えは、パンダのような保全分野における象徴種（Flagship species）を保護することで、その他の種にも恩恵がもたらされるようにすることですが、これだけでは不十分です。自然の生態系の安定を可能にするためには、生物多様性の八〇パーセントを保護しなければならないと研究者たちは考えています。そのためにはさらに多くの種を保護する必要があります。例えば一見して魅力的に見えない動物種も、生態系の中では重要な役割を担っているのだというメッセージを広め、人びとの考えを変えていくことが重要です。

第6講

類を違えるものと共に生きる世界

中国思想から問う新しい環境倫理

田中有紀

たなか・ゆうき●東京大学東洋文化研究所准教授。一九八二年千葉県生まれ。二〇一四年東京大学大学院人文社会系研究科博士課程修了、博士（文学）。専門は中国思想史、中国の科学と音楽の思想。著書に『中国の音楽思想──朱載堉と十二平均律』（東京大学出版会、松下正治記念学術賞・田邉尚雄賞受賞）、『中国の音楽論と平均律──儒教における楽の思想』（風響社）、論文に「中国音楽と術数学──江永『律呂新義』『律呂闡微』における易図の分析」などがある。

はじめに

本講のタイトルに掲げた類とは、近代中国の思想家・康有為（一八五八―一九二七）が論じた概念で、形体の違いに依拠した分類を意味します。康有為は西洋由来の様々な思想と中国の伝統思想を融合させ、類を乗り越えて、人々や動植物が共に生きる大同の世を理想としながらも、我々が有する道徳性には限界があることに気づき嘆きました。本講は類という概念をめぐり、肉体という形体を有する私たちが、異なる形体を有する他者にどのように関与するのかについて考察し、環境倫理の新たな展開を模索します。

大同の世における類

康有為は、光緒帝のもとで変法運動を進めるも、戊戌政変によって失敗し日本に亡命しました。彼は『春秋公羊伝』の大同三世説を重んじ、拠乱世から昇平世へ、そして太平世へと、時代は進化すると考えました。中国と西洋とを統合した世界政府の到来を期待し、太平世を大同の世と称したのです（康有為については竹内弘行『康有為と近代大同思想の研究』（汲古書院、二〇〇八年、一五八―二三〇頁）を参照）。

彼にとって世界は苦悩に溢れていました。その苦悩の原因は、国家や人種、男女の間に横たわる不平等であり、これらを取り去ることで人類は進歩すると考えたのです。類、すなわち形体の違いもまた、不平等をもたらす一因です。彼は次のように言います。

人類が平等となった後、大いなる仁が満ち溢れる。しかし、万物の生はみな元気に基づき、人は元気の中においては動物の一種に過ぎない。太古の時代、人が生まれたばかりの頃、ただ自分の類を愛し、それを保存することだけを理解し、もし自分の類と異なれば殺し滅ぼした。故に類を愛することを大義とし、天下に呼びかけ、類を愛するものを仁と言い、類を愛さないものを不仁と言い、類を違えるものを殺しても、それは害を除き患いを防ぐことだから、それもまた仁と呼んだ。そもそも類とは、体の形状で区別しているに過ぎず、自分と同じ形体であれば親しみ愛し、自分と違う形体であれば憎み殺す。このため、子供は自分の精気が生み、虱は自分の汗が生んだものであるにもかかわらず、子供を産めば愛し養い、愛情が至らないことを恐れるばかりだが、虱が生じれば殺し滅ぼし、殺しきれないことを恐れるばかりである。自分が生んだことは同じなのに、愛憎が甚だ異なるのは、類のためである。そのため腹に子供を宿して生まれる場合でも蛇や犬など類を違える物が生まれたなら、必ず打ちやって殺し、人間の子供が生まれても耳目や手足が普通と少しでも異

＊ 本講は拙論「儒教における環境倫理思想——人間と動植物の同質性および仁の限界をめぐって」（『21世紀資本主義世界のフロンティア』、批評社、二〇一七年、二一六—二三三頁）をもとに行った講義に、その後の考察を加えて再構成したものです。

なれば、多くは養わない。だから、人間が愛するのは、自分の子供だからではなく、自分に類するからである。

（康有為著、周振甫・方淵校点『大同書』、『康有為学術著作選』、中華書局、二〇一二年、二八七頁）

人や物事の本質を見ず、形体や見た目で差別してはならないのは、私たちにとっても明らかです。しかし康有為によれば、古代では、「類を愛すること」が仁、「類を愛さないこと」が不仁だとされていました。それゆえ、類を違えるものを殺すことは、自らの類への害と憂いを取り除くことになります。中国古代の聖人たちが獣を駆逐し、それが仁であるとみなされたのはそのためです。康有為は人間が類、すなわち形体によって愛憎を区別しているに過ぎないことを、人間の子供と虱を例に挙げ論じています。子供も虱も、人から生まれたという点では差がありませんが、一方を愛してやまず、もう一方は憎くてたまらないのは、形体によって差別しているからだと言います。また同じように人から生まれてきても、形体が自分と異なる人間を養おうとしないのは、「自分の子供だから愛する」のではなく、類を愛しているからだということになります。

確かに中国古代の聖人もまた、「一物を私し、一物を愛し、一物をやすんじ」、「万物を殺戮することを憚」りませんでした。「類を愛する」ことは万物の公義であっても、「同形同類の物だけを愛する」点だけ見れば、聖賢も虎も変わりません。それにもかかわらず、虎だけが不仁の名を背負い、人間だけが仁義の名を背負っています。ただし、鳥獣を殺すのは、やむをえない行為でもあるといいます。周公による鳥獣の放逐が大いなる功績とみなされたのは、鳥獣を殺さなければ人類が生存できないからです。拠乱世では、獣を殺す不仁を犯したとしても、人類を滅亡させるという大きな不仁を犯すべきではない、それゆえ、聖人の殺生は正当化されます（『大同書』、二八八頁）。

しかし大同の世では、全国各地に人が住み、害のある禽獣は駆逐されています。かつては脅威だった象やライオンは、いまや動物園で飼育され、牛や馬も人間の役に立っています（『大同書』、二八八—二八九頁）。さらに、大同の世は技術も進歩し、動物を殺さなくてもよい状態が実現されていると言います。

孔子の道には三つある。最初に、親しいものに親しみ、次に民に仁愛を与え、最後に物を愛する（『孟子』尽心章句上）。〔……〕乱世では親しいものに親しみ、升平世では民に仁愛を与え、太平世では物を愛するのは、自然の順序であり、飛び越えることがない。最後には物を愛し、仏教と同じになるが、その道は変えられない。大同の世は、究極の仁の世であるから、殺生を戒めることができる。その時には新しい技術も登場し、鳥獣の肉の代わりとなり、同じように（栄養を）補い、かつ、より美味であるような素晴らしい食品を作れるだろう。

（『大同書』、二八九頁）

康有為は、拠乱世を「親しいものに親しむ」世、升平世を「民に仁愛を与える」世、大同の世を「物を愛する世」としました。大同の世では新しい技術によって、鳥獣の肉に代わる美味しい食品を作れるため、人々は自然と殺生をしなくなります。つまり技術の進歩が人間の仁の拡大にも寄与するのです。拠乱世から升平世へ、そして太平世に至る過程で、人間の仁もまた進歩しますが、彼は仁の拡大範囲を動物までで止めています。仁を適用する基準は、人間側に「忍びざる心」を喚起できるかどうかです。

牛・馬・犬・猫の知覚の霊妙さは、人とそれほど隔たらず、痛みや苦しみを十分に理解している。それなのに（人間は）、一時の食欲をほしいままにして、日々屠殺し、動物たちが恐れおののいて震えて動き回り哀しく鳴いているのを見ても気にしない。〔……〕日本人は大根だけを食べても健康であり、インド人も多くは肉を食べないが強健であるから、どうして日々鳥獣を殺し、痛苦で泣き叫ぶのを見てまで自分の食欲を満たすのか。食欲を満たすために、鳥獣が痛苦で泣き叫ぶのを見慣れてしまうというのは、上は天理に背き、下は種を根絶やしにし、不仁であること甚だしい。

（『大同書』、二八九頁）

牛・馬・犬・猫などは知覚が発達しており人間と近く、痛みや苦しみをよくわかっています。人間が単に自分の食欲を満たすため、苦しみ恐れおののく動物たちの様子を見ても何とも思わないのは、最大の不仁です。康有為は、恐れおののく動物の様子を形容する言葉として「觳觫《こくそく》」（『孟子』梁恵王章句上）の語を引用しています。『孟子』によれば、斉の宣王は、生贄として運ばれ怯える牛の様子を見るに忍びず、羊にとりかえさせました。孟子は王の態度を誉め、やがてはその「忍びざる心」を拡大していくべきことを説きました。

康有為は「忍びざる心」を喚起する契機として、知覚を重んじています。なぜなら、動物は知覚があるからこそ痛みを感じ、苦しみ怯えるからです。大同の世の前段階では、私たちは肉を食べないわけにはいきませんが、動物を苦しめるような不仁をなるべく犯したくはありません。そのための方策について、康有為は次のように述べます。

現在、肉に代わる美味な食品が発明される前に、肉食をやめるのはきっと不可能である。だから、全ての土地の人々の食べる量を測定して、放牧地では土地の面積をはかり放牧畜産して人々に供する。動物を殺す場合は機械で殺し、痛みで泣き叫ぶ苦しみを与えない。そもそも殺生において最も憎むべきで、かつ惻隠の心を生じさせるのは、その苦しみであるから、いま既に苦しまなくなった以上、鳥獣もようやく死ぬ日を迎えられる。寿命を全うできなかったとはいえ、動物は苦しみも感じず、人間も動物を根絶やしにするには至らないのだから、不仁の中にも仁があることとなり「厨房を遠ざける」（『孟子』梁恵王章句上）意図にも十分かなうことができる。（『大同書』、二九〇頁）

康有為は戒殺生に至る前の暫定的方法として、必要な食肉の量を調査し、それに基づき牧地で飼育して機械で殺して動物が痛みを感じないようにするべきだといいます。やむをえず死にゆく動物に苦しみを与えないという手段は、不仁の中の仁であり、かつ君子が、動物を屠殺する様子を見るのが忍び難いとして厨房を遠ざけた意図にも合致すると言います。

知覚がなく苦しみを感じない草木は、どうしたらよいのでしょうか。康有為は『大同書』「去苦界至極楽」「飲食之楽」の項でも、仁と知覚の関係について言及します。「不仁」という言葉が手足の麻痺を示すように、仁は知覚から生じ仁を働かせる対象は知覚の有無で決定できると彼は言います。動物は知覚があり痛みがわかるので、殺してはいけませんが、草木は知覚がなく痛みがわかりません。すると、人間は仁を発揮しようがなく憐れみようもないことになります。また草木の殺生を禁じれば、人間は死んでしまうでしょう。草木の生命にこだわって、人類を絶やしてはならないと康有為は考えました（『大同書』、二九七頁）。苦痛を知覚できるかどうかを基準にする点は、ピーター・シンガーの「動物解放論」と類似しますが、「平等に配慮されるべき利益」を考慮し、苦痛を感じる利害を基準としたシンガーに対し、康有為の場合は、人間側に仁を喚起できるか否かが大きな問題となっています。しかしそもそも大同の世では、人間に害を与える動物は駆逐され尽くしていますが、それは何故正当化されるのでしょうか。

大同の世では、全ての土地の獣をみな服従させ、凶悪で人を食う獣は種を根絶する。〔……〕獣と人間は、祖先が同じではあるが、動物は才智がやや劣るので、全滅に至ったとしても、それは進化の優勝劣敗の法則の極みである。（『大同書』、二九〇頁）

人間と動物の祖先が同じであっても、才智に差があるので、猛獣が全滅したとしても優勝劣敗の法則上、仕方がないと言います。ダーウィンの進化論は、人間も動物も、最初の生命体にさかのぼれば境界線もヒエラルキーもないという意味では、いわゆるディープエコロジーの大きな支えとなりました。しかしその一方で、進化論の「適者生存」は、生命の樹木の頂点にある人間は、これまでの業績によって、ほかの生物に対する支配権を確立しているという発想を生み出し、急進的な環境倫理を批判する契機ともなりました。
それでは人間はやはり、特別な存在なのでしょうか。前述したように、人間は「自らの類だけを愛する」点で、根本的には虎と変わりません。だからこそ人間の仁にも限界があり、この限界のために、人間は決して特別な存在ではありえず、天が生んだ万物の一つでしかないと康有為は思い至ります。そして大同の世に向かえば向かうほど、技術の進歩にともない、人間の仁の限界が明るみに出ると彼は言います。

仏教のように殺生を一切戒めることもまた正しくない。〔……〕人が人である以上、体があり形があり、形に滞って限界があり、仁を為そうにも、自分の仁を尽くせない。愛を為そうにも、自分の愛を尽くせない。万物の形状には大小があり、大は尽くせても小は尽くせない。〔……〕今、杯に水を一滴置き、顕微鏡で見れば、無数の虫がうごめき、丸いもの、長いもの、輪があり角張っているもの、羽があり足があるもの、無数の生物たちがゆっくりと動いていて、尽くせない。大同の世では顕微鏡が、今日の何億兆倍精密になるのだろう。現在、(顕微鏡をのぞけば)蟻は象のように大きく見える。大同の世では、微生物が、青天を飛びめぐる大鵬のように大きく見えるだろう。空中は悉く微生物が埋め尽くし、人間のような巨大な生物が一度欠伸をし呼吸すれば、殺される微生物は無数であり、一度手足を動かせば、殺される小虫も無数である。私は仁を好むが、生まれてこの方、ガンジス川の無数の砂の、さらに何千倍の微生物を殺したのだろうか。(『大同書』二九一—二九二頁)

仏教の戒殺生を守ろうとすれば、水も飲めず、息も吸えません。顕微鏡で自然を観察すれば、そこに無数の微生物がいることに気がつくからです。万が一、それらを殺さずにいられたとしても、さらに技術が進歩し、より精密な顕微鏡が発明されれば、私たちはさらに微細な生物の存在に気づかされます。つまり大同の世は、顕微鏡という新しい技術によって、不殺生の不可能性が証明されてしまう世界であると言えます。なぜ、人間は不殺生を徹底できないのでしょうか。それは人間が身体を持つ以上、形に阻まれ、仁をなそうにも限界があるからです。康有為は最後に、人間の仁の限界を嘆き、人間とは対照的に、限界を持たない天へと思いを馳せます。

仁だ仁だといっても、結局尽くせはしないから、孔子は「厨房を遠ざける」だけに止めた。生だ生だといっても、最後には必ず殺してしまうから、仏教は見えないものに限定して衆生を説く。仕方がない、仕方がない、次々に生まれる万物は尽きることなく、道もまた尽きない。尽きることがないから、「尽きること」(限界を設けること)によってこれを尽くすのである。故に、道は行えるものに基づくだけで、行えないものは、行おうとしても止めざるを得ない。私の仁には限界があり、私の愛には限界がある。仕方がない、仕方がない、大同の仁や戒殺生の愛も、天の中に置いてみれば、仁を為しても大海の一滴に過ぎない。しかし(我々は)、天の内にも外にも、これ以上の仁はつけ加えようがないのである。

(『大同書』、二九二頁)

孔子が「厨房を遠ざける」だけに止め、その厨房で調理される動物たちを救わなかったのはなぜでしょうか。それは孔子自身が、人間の仁の限界をよくわかっていたからです。人間の仁には限界があり、たとえ大同の世に至り、他の動物を全く殺さないでいようとしても、完全に成し遂げることはできません。天の生生不尽の営みに比較すれば、人間の仁は有限で大海の一滴にすぎないのです。

以上のように、康有為は、我々の仁には限界があることを認めざるをえないと考えています。類を完全に乗り越えることは不可能で、その点では人間はほかの類と差はありません。一方で彼は、類は形体の違いに依拠した差にすぎないので、人間である以上、技術を進展と共に仁を拡大し類を乗り越えようとする態度は持ち続けるべきだと考えるからこそ、嘆かざるをえないのでしょう。康有為の矛盾を孕んだ嘆きの中に、私たちはどのようなことを読み取れるでしょうか。

動物としての人間――私たちの望む技術とは？

東洋思想が「自然への統一感を決して放棄することなく、人間とともに始まり、人間とともに終わるという考え方をもたない倫理哲学」（ロデリック・F・ナッシュ『自然の権利――環境倫理の文明史』松野弘訳、ミネルヴァ書房、二〇一一年、一四五頁）と表現されるように、人間と自然と有機的関係にあり、両者の間に本質的な差異はないという認識は、東洋思想にほぼ共通しています。しかし、本質的な差異がなかったとしても、我々人間が、類を違えるもの、自分と異なる形体を持つものに対し、実際にどうふるまうべきなのかという問題に答えることはできません。

もし東洋思想に、新しい環境倫理思想の構築に寄与する可能性があるならば、それは人間と動植物の同質性を喚起することそれ自体ではありません。同質であるからこそ、我々人間が自然を完全に救えるわけではない、つまり人間は虎と本質的に変わらないことを認めた上で、康有為の嘆きを受け止め、類を違えるものへのふるまいを再考し、そこから新たな可能性を模索する必要があります。

どのような可能性が考えられるでしょうか。まずは、自分が特定の類に属す生物であるという点で、虎と私は同じであると認め、自分の中の「動物性」を認めることです。動物としての人間が肉を食べる倫理について、ドミニク・レステルが述べるように、「他の種より優位に立とうとは考えず、自身を動物コミュニティのひとりだと認識し」「あらゆる捕食動物と同じ行動を受け容れること」によって、私たちは「唯一真の反＝種差別的位置を築」けるのだと思います（ドミニク・レステル『肉食の哲学』大辻都訳、左右社、二〇二〇年、五二頁）。人間が優位に立つことなく、動物と同じだと認めることで初めて、私たちは類を違えるものに対し倫理的になれるのでしょう。我々が「正しく食」い、「倫理的肉食者」となって、「肉を食うが、その肉は正しく扱われ、節度ある畜殺場で適切に処理されている。そして肉の消費を大規模に減らす」（同前、一三九頁）ことができれば、私たちは類を違えるものへの新しい倫理的態度を獲得できる可能性があります。

しかしそれは本当に、他者を極端な程度まで害することに対する歯止めになるのでしょうか。自分が動物だと認めることは、何かを割り切ってしまうことにつながらないでしょうか。「虎であるにもかかわらず人間になろうとする人間」は限られており、私たちは康有為のようにそれを「嘆ける」人間ばかりではありません。

そこで、もう一つの可能性について考えてみたいと思います。それは、康有為も示唆したように、技術によって類を乗り越える可能性です。「二〇〇一年宇宙の旅」（スタンリー・キューブリック監督、一九六八年）では、冒頭で「モノリス」に教えられ道具を得たサルが、動物を殺し肉を貪る場面が描かれています。サルが宙へ投げた棒は軍事衛星と変わり、人工知能HALと科学者、そして船長を乗せた宇宙船による木星への旅が始まります。数々の苦難を経て、物語の最後には、胎児となって宇宙を浮遊する船長が映し出されます。この場面は難解で様々な解釈がありますが、船長が人間を超越して、精神の集合体になったという解釈もあります。すなわち、私たちが人間になった原因は技術であり、また人間でなくなった原因も技術だということでしょう。人間の本質とは何かを考える際、「ホモ・ファベル」（工作人）としての人間という見方があります。道具を作り、道具を使うあり方に人間の本性を見るもので、技術活動を人間の本性の中核に据える人間観（村田純一『技術の哲学——古代ギリシャから現代まで』、講談社、二〇二三年、三六頁）です。「二〇〇一年宇宙の旅」のラストシーンは、ある意味、類を乗り越えた世界を象徴しており、それは人類が向かうべきひとつの未来かもしれませんが、そもそも私たちはそのような世界を望んでいるのでしょうか。

もし人間同士が、あるいは人間と動植物・非生物とが、完全に同質となるような状態を技術で実現できるようになれば、どうなるのでしょうか。康有為も想像しなかった、人間という形体をなくすという段階です。私たちは人間という形体を持たなくなっても、果たして人間的でいられるのでしょうか。

前述したように、康有為は仏教のように殺生を禁じることは現実的ではないと判断しましたが、それ以前に、明末に来華したイエズス会宣教師マテオ・リッチ(一五五二―一六一〇)が戒殺生をめぐり仏教僧侶と論争を繰り広げていました。人間と動物との同質性を意識し、物も自分と同じであるからこそ殺生すべきではないという仏教側に対し、マテオ・リッチは、自分と違う他者がいるからこそ、仁義が成り立ち、自分と他者、人間と物の違いを取り除いてしまえば、仁義は行いようがないと論じています(中島隆博『共生のプラクシス　国家と宗教』、第三章「魂を異にするものへの態度あるいは「忍びざる心」」、東京大学出版会、二〇一一年、七二―一〇〇頁)。類を消滅させてしまえば、巨大な一つの類の中で、ただただ自分自身を愛するだけであり、もはやそこに他者への「忍びざる心」など存在しようがありません。"Men for others, with others."とはイエズス会の教育機関で掲げられる精神ですが、カトリックであれ儒教であれ、形体がなくなり他者と完全に一体化してしまうような「人間」は、多くの人が望むような人間ではないようです。形体をなくすことが技術的に可能でも、私たちはおそらく、その技術を選ばないでしょう。斎藤幸平が指摘するように、「どの技術を、どうやって使うかについて構想し、意思決定権をもつのは知識を独占する一握りの専門家と政治家だけ」(『人新世の「資本論」』、集英社、二〇二〇年、二二四頁)であり、さらには「危機が深刻化すればするほど、人々の目的は生き延びることだけになり、立ち止まる余裕を失ってしまう」(同前、二二八頁)ため、私たちはまだ立ち止まれる段階でしか、技術を「選ぶ」ことはできません。「そのうち技術が解決してくれるから」と期待し問題を放置しておけば、いざという時、もはや私たちは技術を選ぶ余地がなくなり、上にいる人たちの言うことを聞くしかなくなってしまうのです。

しかしそもそも私たちは、私たちが望む世界を実現するための技術を、自由に選んできたのでしょうか。ユク・ホイは、近代中国が西洋の技術に対面した時、西洋の思想に裏付けられた技術を中国にどう根付かせるかという問題に対し答えが出せなかっただけではなく、そもそも中国の伝統社会における「技術への問い」を立てることができていなかったと指摘しています（ユク・ホイ『中国における技術への問い』伊勢康平訳、ゲンロン、二〇二二年）。

いま改めて、中国の思想家たちが、自然も含めた私たちの世界をどのように捉え、自然を私たちの生活に役立てるために、どのような技術を望んできたのかを考える必要があります。たとえば山田慶兒は、『朱子の自然学』（岩波書店、一九七八年）の中で、「機械論」の東西比較を行っています。ヨーロッパの「機械論」が「宇宙と時計は同一の原理を有する」というタイプならば、南宋の朱熹（一一三〇―一二〇〇）にも「機械論」的な発想はありますが、それは「天文儀器によって、宇宙の運動のパターンを「再現」する」というタイプであるといいます。山田は、朱熹と同じような発想を持つとして、北宋の沈括（一〇三一―一〇九五）の言葉を引用します。

度は天に在るものだ。それを璣衡（観測器械）につくれば、度は器械に在る。度が器械に在れば、日月五星は器械のなかに捕捉できて、天のかかわるところでなくなる。天のかかわるところでなくなれば、天に在るものを認識するのはむずかしくない。

（沈括「渾儀議」、山田慶兒『朱子の自然学』、三〇一頁）

山田は「沈括と朱子は、「宇宙を時計が捕捉する」とはいっても、「宇宙は時計である」とは決していっていない。「捕捉する」のは認識であり、「ある」のは存在である。〔……〕朱子が観測器械は宇宙の運動のパターンを再現すべきであると考えるのにたいし、ヨーロッパの機械論者は宇宙と時計の機構（メカニズム）が同一であるとみなしている」（同前、三一一頁）と述べています。時計を改造するかのように天を改造するのか、あるいは、天はそのままにして、技術という人工言語により写像し認識するだけなのか、両者には人間が自然に対してどのように向き合い、技術をどう適用すべきなのかという問いが表れています。

このような技術観は、明の宋応星の『天工開物』にも見出せます。宋応星は、自然は私たちが困らないように物を産出させていると言います。塩の出現の仕方は特に優れていて、人間は辛・酸・甘・苦の四味については何年味わわなくても大丈夫ですが、塩だけは数日間断っただけで、体がだるくなります。天は、蔬菜や五穀が全くできない場所にも、塩分がうまく産出させ人の需要に応じている、つまり、人間が本当に必要とするものは、痩せた土地であっても天は産出させていると考えたのです。「天工」は人間の力が及びようもない、非常に霊妙なわざであると言えます。また彼は、銀の製錬を次のように説明します。高炉の火の中に置かれた坩堝で精錬し、硝石を少しまくと、銀の中にまざっていた銅や鉛が分離されます。彼はこの過程を「「天工」と「人工」の作用が現れ出ている」と表現します。自然がもともと有する霊妙な性質（熱で溶融点の低い鉛が溶け出し、銀と分離される）と、人間が作った技術（火や坩堝の使用）が組み合わされることで、銀という素晴らしい物質を手に入れることができるのです。私たちは、過去の様々な思想を利用し、私たちがどのように自然と向き合い、技術を用いてどのように自然を役立てればよいのかを考えてみることもできるのではないでしょうか。

講義の最後に議論になったのは、環境問題について学者があれこれ理論を組み立てたところで、どれほど人々の行動様式を変え、社会を変えられるかどうかということでした。ましてや今回の講義は、環境や技術に対して私たちがどのような倫理を持てるかというレベルの話であり、具体的なデータを示して環境政策を提言するような議論でもありません。私は目下のところ、コンビニではなるべくビニール袋をもらわないようにしたり、車を運転せずに公共交通機関を利用したりする生活を送っています。そのようにしている直接的な原因は、東京都の清掃工場に学生と見学に行った際、工場の方から「リサイクルといっても限度がある。東京湾がごみでいっぱいになる前に、意識を改め、なるべく物を買わないことが何よりも重要だ」という話を聞いたことです。本講で論じたように、類を乗り越えるとか、仁に限界があるとか、技術への向き合い方を考えるなどはまわりくどいだけで、結局のところ、私たちの行動様式を根本から変えることにはつながらないようにも思えます。「将来、自分や自分の子供が困るから」という最もわかりやすい理由、つまり徹底的に利己的に考える方向性が一番有効であり、その上で、環境に関する法を整備し、人々の行動を規制した方が手っ取り早いのかもしれません。実際に、レイチェル・カーソンが取った戦略を考えれば、数多くの人々に行動の変容を迫るためには、利己的な理由に訴えかけた方が有効であると言えます。彼女が何よりも重大だと考えていたのは、殺虫剤によってすべての生き物の基本的な生態系が壊されることでしたが、人間の健康にとって脅威となるものを特に強調することで、多くの人に訴えかけることができました（前掲『自然の権利』、一二四—一二五頁）。

それでも、西洋における環境倫理思想の展開の歴史を紐解けば、つまり、人間が倫理を適用する対象が、同じ人間以外にも、動植物や非生物に対しても拡大してきたのは何故なのかを考えれば、そこには哲学・宗教・生態学をはじめとする様々な学術的な営為があったことがわかります。人間が「わたし」以外の他者や人間でないものに対して、なぜ倫理的でなければならないのかということはあらゆる角度から常に問われ、それに応じて人権を保障する制度が整えられ、動物を保護する法律が制定されてきたのです。

本講の結論は、私たちが形体を持っている以上、つまり自分もまた動植物と同じである以上、天や神のように完全な道徳性を発揮できるわけではないと素直に認めた上で、それでもできる限り、道徳性を拡大していく必要があり、その助けとなるような技術を意識的に選んでいく必要があるということです。言いかえるならば、人間は「類を違えるもの」と本質的に同質だからこそ、しかし人間は「類を違えるもの」と完全に一体化することはできないために、私たちはより人間的になる必要があるということです。これはいわゆる西洋のディープエコロジーとも、これまで言われてきたような東洋の「自然への統一感」とも異なります。もし東洋思想が環境倫理思想の発展に何かしら寄与する可能性があるとしたら、中国思想の仁という概念を読み直し、また、中国における技術の思想を捉え直した、この古くて新しい人間—自然観こそが重要になるのではないかと考えています。

読書案内

本講でとりあげた康有為の『大同書』の日本語訳については、坂出祥伸『大同書』（明徳出版社、一九七六年）が参考になります。

また、西欧における環境倫理思想の歴史を理解した上で、東西の文化に目配りした康有為の議論を読むと、中国思想を背景とした環境論の特徴がより明確になります。ロデリック・F・ナッシュ、『自然の権利――環境倫理の文明史』（松野弘訳、ミネルヴァ書房、二〇一一年、原著はNash, R. F., *The Rights of Nature: A History of Environmental Ethics* (*History of American Thought and Culture*), University of Wisconsin Press, 1989）はアメリカにおける環境倫理思想の展開を理解する上で役に立ちます。本書の目的は「「道徳には、人間と自然との関係が含められるべきである」という思想の歴史と意味を明らかにすることにあ」り、「「倫理学は、人間（あるいは、人間の神々）の専有物であるという考え方から転換し、むしろ、その関心対象を動物、植物、岩石、さらには、一般的な〝自然〟、あるいは〝環境〟にまで拡大すべきである」という思想が比較的、最近に登場したことを検証してい」ます（四頁）。ナッシュの本の中でも取り上げられている、ピーター・シンガー「動物の生存権」（大島保彦・佐藤和夫訳、加藤尚武・飯田亘之編『バイオエシックスの基礎――欧米の「生命倫理」論』、東海大学出版部、一九八八年）や、クリストファー・ストーン「樹木の当事者適格　自然物の法的権利について」（岡嵜修・山田敏雄訳、畠山武道解説『現代思想』第一八巻一一号、青土社、一九九〇年）も、権利の拡大という点で環境倫理思想の歴史において重要な役割を果たしました。また、技術史家であるリン・ホワイトの『機械と神――生態学的危機の歴史的根源』（青木靖三訳、みすず書房、一九七二年、原著はWhite, L. T. Jr., *Machina ex Deo : Essays in the Dynamism of Western Culture*, The MIT Press, 1968）は、西洋近代の環境問題の根源を、産業革命よりも前、中世のキリスト教社会における技術観の変化に求め、西洋の人間―自然観を考える上で重要な本です。

中国の環境論について森林伐採という点から数多くの示唆を与えてくれるのが、上田信『森と緑の中国史――エコロジカル・ヒストリーの試み』（岩波書店、一九九九年）です。長い歴史を通して開発された中国において、森林が占める割合は少なく、「中国の文明は、自然を完全に排除し、人工をもって代えるところにその本質があるのではないか」という興味深い指摘を行っています。本間次彦「禽獣について」（廣瀬玲子・本間次彦・土屋昌明編『人ならぬもの――鬼・禽獣・石』、法政大学出版局、二〇一五年、八〇―一五四頁）は、「人とは何か」が問い直され、人に隣接する存在である禽獣と人との間に連続性と差異が再確定された北宋期の議論をとりあげており、本講の問題意識とも共通しています。

中国における人間と自然観を、主に科学や技術という視点で読み解く際には本講でもとりあげた山田慶兒『朱子の自然学』（岩波書店、一九七八年）が参考になります。中国の伝統科学を幅広く整理・分析し、西洋の科学と比較した藪内清（『中国の科学と日本』、朝日新聞社、一九七八年）などの著作も、山田とは異なる見方を提示しており、両者を合わせ読むことをお勧めします。

第7講

共生を求めること・共生を堪えること

魯迅を手がかりとして

王 欽

おう・きん●東京大学大学院総合文化研究科准教授。一九八六年中国上海生まれ、二〇一七年ニューヨーク大学大学院比較文学系博士課程修了、Ph.D。専門は中国近代文学、批評理論。著書に『魯迅を読もう』(春秋社)、中国語の訳書に柄谷行人『探究』、デリダ『獣と主権者(一)』などがある。

一九三〇年代の魯迅

「共生」について考えるとき、社会の問題、政治の問題、環境の問題、人間関係の問題など、実はわれわれの「生」に関するあらゆる問題がこのテーマに巻き込まれています。「共生」という概念はとても良い意味合いをわれわれに想起させるかもしれませんが、実はそうでない場合も多いのです。たとえば、苦手なクラスメートや同僚と毎日やりとりしなければならない場合は、むしろ「共生」の負のイメージとして取り上げられるのでしょう。

われわれの日常生活の営み、あるいは意義というシステムの外部に存在しているノイズのような他者もしくは嫌な他者が無数にあります。そのような他者について、どう考えればいいのか。中国近代文学の第一人者である魯迅が一九三〇年代に書いた一つの小さなエッセイ、『阿金』を手がかりとして、この問題に取り組んでいきたいと思います。

その前に当時の魯迅について簡単に紹介する必要があると思います。魯迅のほとんどの小説が農村をベースとして物語を展開しているがゆえに、彼は数多くの論者に「中国近代郷土文学の始祖」とみなされます。しかし、藤井省三が指摘するように、魯迅はむしろ「シティボーイ」でした。日本に留学していたとき、彼は東京を離れてからも夏休みを利用して上京したりしたばかりでなく、帰国してからもおよそ中国の都市――北京、広州、そして上海――に住んでいたからです（藤井省三『魯迅――東アジアを生きる文学』、岩波書店、二〇一一年を参照）。とくに言及すべきなのは、上海における生活です。

一九二七年、魯迅は広州中山大学の教職を辞めて、当時同棲していた許広平と一緒に上海に移動しました。それは魯迅の人生にとっての重大な決断でもありました。魯迅個人について言えば、彼はすでに朱安という女性と結婚している男でした。母親の押し付けに抵抗できず、好きでもない女性と否応なく結婚させられたわけではありますが。つまり、魯迅は最も親しいはずの妻との「共生」から逃げてきた男なのです。そして学生の許広平に告白され、つきあいはじめて同棲に至りました。言いかえれば、許広平と一緒に上海に行き、二人の新しい生活を築き上げることは、魯迅にとってはけっして容易なことではありませんでした。それは、自分の法律上の妻を犠牲にすることではじめてできる新生活だからです。

そして、魯迅の文学の営みからしても、一九二七年は決定的な時期です。周知のように、一九一〇年代後半から一九二〇年初頭にかけて盛んに行われた文学運動ないし「新文化運動」において、魯迅は代表的な実践者でした。彼のいくつかの小説が、まさにこの運動の「実績」を示していることを彼は自分でもみとめています。けれども、一九二〇年代に入ると、自分と「共闘」した戦友たちは続々と離れていき、彼は自分が唯一の残された者だと感じました。そして、一九二八年から新世代の若者によって始まる「革命文学」運動は、倒すべき「古い文学者」としてまさに魯迅を俎上に載せたのです。

マルクス主義を唱える若者たちと戦うなかで、魯迅はやむをえずマルクシズム文芸理論や哲学を読むことになったのです。その結果、一九三〇年代以降に彼はマルクス主義だけでなく、当時の中国共産党にも接近するようになります。それにつれて、他者との共生、とくに知識人と下層民衆との共生は、彼においてはますます肝心なことになったのです。もちろん、似たような関心は魯迅の文学を貫いているとも言えますが、たとえば小説集の『吶喊《とつかん》』や『彷徨』に収録されているテクストのなかでは、他者との共生どころか、他者とのコミュニケーションの不可能性こそが見事に描かれています。それに対して一九三〇年代の魯迅は、さまざまなテーマや問題に取り組むことによって、たえず他者との新たな連帯を試みに論じているといってもよいでしょう。

一方で、魯迅と「左翼」ないし共産党の関係は、けっして順風満帆と言えませんでした。たとえば、対日戦争の雰囲気が高まりつつあった一九三六年には、魯迅が盟主を担当する「左翼作家聯盟」を共産党が突然解散させました。「左翼作家聯盟」の解散がもたらしたのは、魯迅を深く巻き込んだ「二つのスローガンをめぐる論争」にほかなりません。その他、トロツキスト問題についても、魯迅はその時期に争点にみちたいくつかの論文を残したのです。われわれは、魯迅が一九三六年に死去している事実を忘れてはなりません。つまり、最晩期の魯迅はまさに〝同志〟とよばれるものとの深刻な矛盾や争いのなかで世を辞したのです。

『阿金』はまさにこの争いにみちた時期に書かれた軽いエッセイです。ここで魯迅が論じているのは少なくとも、革命でも文学運動でもなく、ひとりの凡庸な女僕にすぎません。しかし、わたしの考えでは、この凡庸な「阿金」なしに、われわれは魯迅の考え、とくに彼の「共生」についての考えを理解することができません。

たしかに、一見するとこの時期に魯迅は一方できわめて「政治的」な論文やエッセイを書きながら、他方で『阿金』のような「非政治的」なエッセイもいくつか書いているように見えます。けれども、あるいはそれゆえに、「政治」と「非政治」の線引きをさしあたり脇に置いて、『阿金』を読むことで新たに「政治」「他者」「共生」などのテーマを考えなおすべきだと思います。いうまでもなく、わたしは魯迅のテクストがこの時代を生きているわれわれに他者と「共生」する鍵を与えてくれているとは思えないし、そもそもそれは魯迅に答えられない質問にほかなりません。しかし、魯迅の文学の営みを通じて、われわれは自分なりに「共生」を問いなおしながら新たな道を切り拓いていくことができると、わたしは信じています。

前置きが長すぎてしまいました。では、魯迅のこの奇妙なエッセイに入りましょう。

不思議なテクストとしての『阿金』

日本にも中国にも、『阿金』についての研究はすでに数多くあります。先行研究の紹介は省略しますが、一点のみ取り上げたいと思います。最近の読解によると、一九三四年頃に書かれたこのエッセイに、われわれは魯迅が上海で受けたショックを読み取ることができます。というのも、主人公の阿金の活発さは明らかに、魯迅がそれまでに接した農民や知識人をはるかに越えるものだからです。上海という消費社会を生きる民衆が農村で暮らしている民衆と生き方を異にするのは当たり前ですが、魯迅が気づいた重要なポイントは、自分の理解したマルクシズム理論はそれらの民衆にあてはまらない、ということです。

ある意味で、このような読解は正しいでしょう。なるほど、たしかに農村の民衆を相手とする前期魯迅の小説にあらわれる語り手の気持ちとはだいぶ異なって、『阿金』の語り手は、冒頭で「ちかごろ私は、阿金が嫌でたまらない」と告白しています（魯迅『阿金』、『魯迅文集』第六巻所収、竹内好訳、筑摩書房、一九八三年、一一六頁）。もちろん、この語り手を直接魯迅本人に同一化してはならないと思いますが、魯迅も阿金のような「下層民衆」に接するのが苦手であることがここでは垣間見られると言っても過言ではないでしょう。前期小説の語り手が持つ相手に対する観察や内省のための距離は、ここでは欠如しているようにみえます。

何よりも、『阿金』において「私」が阿金を嫌うのは、まさに彼女が「私」を無力にしたからです。どういうことでしょうか。それは次の段落において紹介される阿金の行動にかかわるので、読んでみましょう。

彼女には女友だちがたくさんいる。日が暮れると、次から次へと彼女の窓のところにやって来て、「阿金、阿金！」と大声に呼びかける。それが夜中までつづく。ほかに男友だちも何人もいるらしい。いつか裏門のところで自説を発表したことがある。「上海まで来て、男をつくらないなんて……」（同前）

もうわかるでしょう。とりあえず、阿金はうるさい、騒がしい。ここに語り手はあらわれていません。しかし、彼女のせいで、結局この「私」は仕事ができなくなりました。

不運なのは、彼女の住み込む家の裏門が、わが家の表門のはす向かいにあることだ。そのため「阿金、阿金!」のよび声が聞こえるたびに影響を受けないわけにはいかない。ときには文章が書けなくなるし、ときには原稿紙に「金」の字を書いてしまうことさえある。(同前)

興味深いことに、阿金はそれほどまでに「私」の仕事を邪魔しましたが、べつに「私」と関係しているわけではありません。「私」と阿金は、あくまでも「無関係」のままです。それにしても「私」は無意識に彼女の影響を受けて、彼女のことを考え始めて「「金」の字を書いてしまう」ことになる。言いかえれば、「私」と阿金の関係性は、意識によってできあがるものではなく、逆に両方の意識の外に勝手にできあがるものにほかなりません。しかも、このような関係性に対して、「私」は何もできません。

ここで問題になるのは、いかに阿金と共生すべきかではなく、時間的・空間的な制限があることで、否応なしに彼女と共生・共存せざるをえない、ということです。そして、その時間的・空間的な制限は、けっして単なる環境の問題ではなく、建築や住居デザインの問題でもありません。むしろ、それはわれわれが一般的に置かれた日常生活の状況そのものを意味するのです。それから逃れられない共生の網の目は恐ろしいものではありませんか。

コミュニケーションの不可能性について

ここで、前期魯迅の小説に描かれている語り手と他者の関係性を思い出してみましょう。いうなれば、「共生」のテーマがそこにも含まれていますが、魯迅の扱い方はだいぶ違うように見えます。たとえば、次は『祝福』(一九二四年)からの一例です。

《あのう——》かの女は二、三歩近よって、声をひそめて、さも秘密めかして言った。《いったい、人が死んだあと、魂は残るのでしょうか》

私は、ぞっとした。まじまじ見つめられているので、背筋にとげでも立てられた感じだった。学校で不意に臨時試験があって、しかも教師がそばで見張っているとき以上にあわてた。魂の有無について、私自身はこれまで気にとめたことはない。だが今の今、何と答えたものか。一瞬のためらいの間に私は考えた。ここの人々は死後の世界を信じているのがふつうなのに、かの女はそれを疑っている——希望していることを言ってやるのがよいかもしれない。残るのを希望するのか、それとも残らぬのを希望するのか……破滅した人をよけい苦しませることはない。かの女のためには、残ると言ったほうがよかろう。

《残るかもしれない——と思うがね》私は、どもりながら答えた。

《そんなら、地獄もあるわけですか》

《えっ、地獄？》私はびっくりして、しどろもどろに答えた。《地獄は――理屈からいえば、あるわけだが――しかし、どうかね……誰も見たわけではなし……》《では、死んだ家族のものは、またいっしょになれるのでしょうか》《ほほう、いっしょになれるか、なれないか……》このとき私は、自分が完全な愚者にすぎないことをさとった。どんなためらいも、どんな思案も、この三つの問いには立ちむかえない。急に私はおじけづいて、前に言ったことも取り消したくなった。《それは……どうも、何とも言えんよ……そう言えば、魂があるかないかだって、何とも言えんからね》

立てつづけに次の問いが出されぬうちに、私はいそいでその場をはなれて四叔の家に逃げ帰ったが、心はおだやかでなかった。

（魯迅『祝福』、『魯迅文集』第一巻所収、竹内好訳、筑摩書房、一九七六年、二〇五―二〇七頁）

語り手の「私」と祥林嫂の対話を長めに引用しました。祥林嫂も女僕ですが、阿金と違って彼女はあくまでも農村の小さい地域に制限されています。彼女と帰省する語り手のこの対話は、知識人と民衆のコミュニケーションの不可能性、さらに啓蒙の不可能性を示して見せると一般に理解されています。しかし、コミュニケーションや啓蒙を問題にする前に、まず問わなければならないのは、『祝福』の語り手がいかにして相手とのやりとりを理解し、それを合理化するのか、ということです。

ここで注意すべきところが二つあります。第一に、祥林嫂も阿金もいわば「下層民衆」に属していますが、知識人としての「私」は彼女に対して何もできない点において、二つのテクストは似ています。実は、すでに述べたように、農村の人々を相手とするとき、知識人としての語り手が困った顔でぎこちなく相槌を打つか、完全に無口になるかのいずれかであるのは、魯迅の小説のよくあるパターンです。

第二に、しかし、『祝福』において祥林嫂の難しい詰問に耐えきれない語り手は、彼女から逃げたばかりでなく、彼女とやりとりしながら内省している。つまり、彼は彼女から現実に距離を取っているだけでなく、心中でもずっとそのような距離を取れるわけです。したがって、「私」の言葉は実は祥林嫂に向かってではなく、自分に向かって発するもの、つまり「モノローグ」にすぎません。「私」が祥林嫂から結局逃げたのは、彼女にふさわしい言葉を言いつくしただけです。

「私」の意識の外から影響を与えてくれる阿金に比べると、祥林嫂という他者は常にすでに「私」の意識の中に回収されてしまったように見えます。ゆえに、「不安」を感じながらも、『祝福』の語り手は次のように続けています。

> 思えば私の答えは、かの女に危険をもたらさないだろうか。おそらくかの女は、他人が祝福に追われているので、自身の寂寞を感じたのだろうが、ほかに事情はなかったろうか——たとえば予感といったようなものが。もし事情があったとすれば、そしてそのため何かが起こったとすれば、わたしには答えた責任がかかるわけだが……そこまで考えて自分でもおかしくなった。〔……〕まして、はっきり「何とも言えない」と答えて全部を打ち消してあるのだ。何が起ころうと私の知ったことじゃない。
>
> （同前、二〇七頁）

言いかえれば、もはや祥林嫂の他者性は「私」の意識に還元されてしまいました。もっと正確に言えば、「私」は祥林嫂の詰問に対応せず逃げたというよりもむしろ、「私」の内的会話ないし内的葛藤は祥林嫂なしにできたのです。語り手は意味ありげに「責任」という言葉を操っていますが、それはあくまでも自分で自分の話を聞くことにすぎなくて、祥林嫂に対して責任を取るどころか、彼女との関係性を一切遮断しました。

一方で、『阿金』においても「責任」の話が出ています。そして、ここで語り手の「私」も自分なりに「責任」について内省した上で、都合よく結論を出しています。ただ、今回の彼の内省は阿金の他者性を自分の意識に還元できるどころか、その他者性をより強く浮き彫りにしただけです。つまり「私」は阿金のことを考えれば考えるほど、彼女は「私」の意識＝自己言説《モノローグ》から逸脱していく。この「責任」の話に関する〝事件〟を見てみましょう。

ある夜、もう三時半を廻ったころ、私は翻訳にかかっていて、まだ起きていた。ふと外で、人をよんでいる低い声がした。よく聞き取れなかったが、阿金をよんでいるのではなかったし、むろん、私をよんでいるのでもなかった。こんなおそくに、いったい誰が誰をよんでいるのか、と思ったものだから、すぐ立ち上がって、二階の窓を開けてみた。ひとりの男が、阿金の部屋を見上げて立っていた。男は私に気が付かなかった。いらぬ節介だったと後悔して、窓を閉めて引っ込もうとした時、はす向かいの小窓に阿金の上半身がのぞいた。そしてすぐ私に気づいて、男に何か告げ、私の

――方を指して男に手を振って見せた。すると男はいそいで立ち去った。悪いことでもしたように心が落ち着かなくなって、私は筆が動かなくなった。

（『阿金』、一一七頁）

語り手は勝手に反省しはじめるのに対して、阿金のほうが何の影響をも受けず「相変わらずキャーキャー、ワーワーだった」。阿金は、「私」に何も聞かず、何も期待せず、何も言いません。彼女は「私」の言動に対して基本的には無関心です。にもかかわらず、ここで注意すべきは、この夜の〝事件〟においても阿金は明らかに「私」の存在に気づいている、ということです。むろん、それは彼女が日頃から「私」に気を使っていることを意味するのではなく、彼女の感覚の鋭さを意味するのです。実は、この引用文からもわかるように、下にいる男は「私に気がつかなかった」のに対して、阿金はこの男と「私」の行動を全部先取りしたかのように、周囲の動きに反応しています。

一方で、「私」はやむをえず彼女の言動にいちいち気づいているのですが、彼女については何もできません。阿金という存在は、「私」にとって非常に凄まじいものにほかなりません。

――阿金の出現によって、周囲の空気が騒然たるものに変わってしまったんだから、その威力たるや大したものだ。

（同前、一一八頁）

語り手が述べたように、ある外国人も阿金たちの騒がしさに耐えられず、物理的な力に訴えて彼女たちを追い出そうとしました。しかし、それも五、六日間しか効果がありませんでした。そのあと、阿金たちは相変わらず「キャーキャー、ワーワー」でした。つまり、物理的にせよ、言語的にせよ、結局阿金に抵抗できる力は何一つもありません。

阿金はいかなる「力」なのか

では、阿金ははたしていかなる力でしょうか。そのような力は、たとえば祥林嫂などの人物にはなぜ欠けているのでしょうか。まさにこのような力に、新たな「共生」の有り様についてのヒントを見出すことができると思います。たとえば、次の段落を見てみましょう。

それでも私は、やはり阿人が嫌だ。『阿人』の二字を思い出すのも嫌だ。むろん、近所で騒ぎを起こした、というだけで怨み骨髄というわけではない。なぜ嫌かといえば、わずか数日のあいだに、私の三十年来の信頼と主張に動揺をおこさせたからである。男権社会では女にそんな大きな力があるはずはない、興亡の責任はすべて男が負うべきだ、と考えていた。思いがけないことに、いま阿金は、特に美貌でもなく、特に才能があるわけでもない「娘姨」の身でありながら、ひと月もたたぬうちに、私の眼の前で四分の一里四方に騒乱をまき起こした。かりに彼女が女王、または皇后、皇太后であったなら、その影響は推して知るべし、かならずや大乱を引き起こしたにちがいない。

（同前、一二〇—一二一頁）

阿金の感覚が鋭い、と魯迅は書いています。そして、『阿金』で語り手が阿金の容貌を描いていないことを忘れてはなりません。彼女は凡庸な顔立ちだから、簡単に忘れられてしまうタイプだ、とし か語り手は述べていません。だが、あるいはそれゆえに、阿金の存在はますます彼女の「力」に一致するようになります。

ところが、それにしても、ここで阿金のことを歴史上の有名な女性――主権者としての女性さえも含めて――と比べて議論することに、ある種の大げさをわれわれは感じられるのではありませんか。阿金がいくら「私」の理解を越えたとしても、彼女を中国歴史上の有名な女性の系譜に置くのはふざけている議論にほかならないからです。この意味で、語り手が言いたいのは、たとえば阿金のせいで自分がようやく女性の政治に対して負う責任を悟ったとかいった「結論」ではけっしてなく、むしろ取るに足らない阿金を通して「責任」の概念を洗いなおさなければならない、ということだと思います。

言いかえれば、阿金を中国歴史上の一人の女性として読むよりも、むしろ女性たちを鋭い感覚の持ち主ないし高い「感受力」の持ち主として理解すべきです。阿金を歴史上の女性の系譜に置いていたら、これらの女性たちを改めて感受力として把握できるようになるはずです。そうすると、「女性」もここでは「感受力」の別称になります。

これに関連して、阿金という力が示しているのは、文学に対する新しい理解でもあるかもしれません。つまり、政治的に言えば、女性たちが既存の社会秩序や意味作用を動揺させ、新しい社会性と公共性を提示するほどの力を持っているように、文学も政治に対して文学なりの力を持っているかもしれません。阿金が示したように、女性たちは周囲の些細なところに敏感に反応し、鋭い感覚で他人に影響を与えています。さらに、彼女たちの力は、けっして「責任」「主体」「主権」などの従来の政治哲学的概念に還元しえないこともすでに明らかになったでしょう。

エクリチュールに含まれるパラドックス

しかし、これまでの議論はすべて語り手の語りにもとづいていることに注意すべきでしょう。阿金がいかに偉い「力」であろうと、それはあくまでも彼女に影響を受けて仕事ができなくなった「私」が描いたもの、つまり「私」が練り上げた「阿金＝力」にほかなりません。すると、「私」はあえてアイロニカルなかたちで自分を無能化し、阿金を誇張的に偉くすることで、つまり阿金を経由して彼女についてエッセイを書くことで、「私」の能力を回復しようとするのではないか、とわれわれは問わなければなりません。

このパラドックスはけっしてただの言葉遊びではありません。語り手はつぎのように書いています。

> 私は自分の文章の退歩を、阿金の大声のせいにするつもりはない。また、以上述べたことも、いくらか八つ当たりの気味がないとは言えない。（同前、一二一頁）

「私」は阿金のせいでろくに仕事もできません。文章を書く能力もやはり「退歩」しました。ですが、本当にそうであるとすれば、阿金について書くことはこの「私」に残る唯一の戦略ではありませんか。語り手は自分のエッセイが下手になったと嘆いているとはいえ、『阿金』はうまくできあがり、現にくりかえし読まれて研究されているのではありませんか。われわれもこのテクストを優れた文学作品として読んでいるのではありませんか。

まさにこの点で、語り手と魯迅本人の境界がきわめて曖昧になってしまいます。もちろん、『阿金』で描かれていることが事実に合うかどうかについての実証的研究は数多くありますが、われわれにとってそれは問題外です。重要なのは、自分がコントロールできない他者＝阿金を描くことによって、「私」は言葉による理解＝把握する能力を回復し、ある意味で他者をあらためて自分の中に回収してしまうことです。

エッセイを書くかぎり、このパラドックスは成立します。そして、エッセイを理解するかぎり、読者も作者ないし語り手と共謀することとなり、そのパラドックスから自由にできません。こうして、「共生」に関して言えば、魯迅は『阿金』を通じて、阿金のようにさまざまな他者――それが人間にせよ、ただのノイズにせよ――に反応しなければならない（＝責任を取らなければならない）ことを示唆しながら、同時にこのようなメッセージは結局「私」の内省によるものであり、「私」がそれによって阿金といういかがわしい他者を回収または排除できたことを示してみせるのです。言いかえれば、『阿金』は（一）他者との新たな共生のポテンシャルと（二）自分を中心としたうえで他者性なき他者と共生することを同時に提示してくれると言わなければなりません。

結局のところ、具体的な操作が異なるにもかかわらず、阿金と「私」の関係は祥林嫂と「私」の関係の焼きなおしにすぎないのではありませんか。では、いかにその自己定立に関するパラドックスから出られるのでしょうか。この問題を解決しなければ、われわれはいくら「共生」について議論しようとしても、小林秀雄に倣って言えば、自分の意識という「不思議な球体」に帰結するしかありません。

『阿金』を発表した数カ月後、魯迅は『これも生活……』という妙なテクストを書きました。その中で、横になった語り手は深夜に「広平」という人物に呼びかけ、電灯をつけようと訴えています。なぜなら、彼によると、「これも生活」だからです。

《水をくれないか。それから電灯をつけてくれ。その辺を見てみたいから》
《どうしてまた……》びっくりしたような返事である。うわ言と思ったのだろう。
《生きていたいからさ。わかる？　これも生活なんだ。その辺をちょっと見てみたいから》
《そう……》かの女は起きあがって、茶を飲ませてくれ、そのあと何かもぞもぞやっていたが、電灯をつけずにまた横になってしまった。
私の言った意味がわからなかったのだ。

（魯迅『これも生活……』、前掲『魯迅文集』第六巻所収、竹内好訳、二八三頁）

紙幅の制限で、この興味深いエッセイに深入りすることはできませんが、ここで重要なのは広平が「私」の言うことを理解していないことです。そして、「私」はこれ以上のコミュニケーションを断念

し、内省しはじめます。構造的に言うと、ここで描かれていることが『阿金』とも『祝福』とも大して変わらないことは明瞭です。すると、われわれはひとつの重要な結論に辿り着きます。すなわち阿金も祥林嫂も広平も、語り手の自分という機械、つまり書くことで自分を定立するという文学の機械を働かせた偶然なきっかけ、あるいは偶然性というきっかけにほかなりません。

結びに代えて

なるほど、テクストにあらわれる他者の他者性は書かれることによってたしかに抹消されてしまったのかもしれません。広平のような極端な場合、他者と「私」の接点は一瞬のものにすぎないように見えます。にもかかわらず、語り手のエクリチュールに偶然的に方向づけ、新たな共生の形を「私」に考えさせるという意味で、他者は抹消されつつも「私」のエクリチュールに異様な痕跡を残しています。

そして、まさにこの意味で、他者において文学の内部／外部という分割が曖昧になり、われわれが内省しながら生きるかぎり、われわれは語り手として他者に触発される偶然性と文字通りに共生しなければなりません。さらに言えば、「共生」をテーマにするのは、まさにこのような偶然性を見極めようとすることにほかならないと思います。

もちろん、偶然性はどこでいかにして生じるか、そしてそれがいかなる結果をもたらし、いかなる方向づけをわれわれの生活に与えてくれるのかは、われわれの知るはずもありません。われわれにできるのは、偶然性を求めながら、偶然性の到来とその結果に堪えること、それだけです。

質疑応答

石井剛　ある意味、私は最後の話をある種の〝礼〟みたいなものだと言い換えることができるような気がしたんですね。要するに、日常的に何とも思わなかったものとの関係をもう一回確認しあうような作業として礼があると考えた場合に、不眠のときの夜に自分の家具とかを見ることは非常に不穏なものですね。けれども、礼の空間をそこに作り出して、もう一回日常を再構築するというプロセスに重なってくるだろうと感じました。

その一方で、ノイズに関しては、もっと自分をいらだたせるものだと思います。つまり、ノイズと自分との間には礼的な関係が成り立たないのではないかという気がします。それにすごく影響されてしまうわけで、いらいらさせられてしまうわけですから。そういったノイズが新しい秩序、新しい社会、新しい政治を開くような可能性を持つためには、何か仕掛けが必要ではないかと思いますが、いかがでしょうか。

王　礼の空間については、ある意味でわたしの話と重なっているかもしれませんけれども、ある意味で真逆かもしれません。簡単な例を出しますが、たとえば不眠を求めている人はまずいないと思います。『これも生活……』の語り手さえ、けっして積極的に不眠を欲しているわけではありません。そして、不眠に関しては面白いことに、今夜はちゃんと眠れるかどうかは本当に寝てみないとわからないことです。ゆえに、不眠ということは、自分の生活の中に回収できないぐらいの突然的なことです。礼の空間を取り上げようとすれば、ただちにそれを制度化する可能性という問題に向き合わなければなりません。つまり、礼の空間は確かにある意味で日常生活的営みと対峙しているように見えますけれども、実はそうではなく、むしろわれわれが日常生活に戻るために作られるものにほかなりません。

そして、もし日常生活に戻りたいという願望があらかじめ礼の空間に包含されているとしたら、その空間はもはや不眠という偶然的なことが生み出した空間でも時間でもないので、そういう状態は不眠と真逆なのかもしれません。

ある夜、私が眠れない。眠れない結果、翌日にはまたちゃんと働けない。ちゃんと働けないならば、授業もちゃんとできないのかもしれません。それで、私の生活そのものは否応なしに変わっていくのです。否応なしに変わっていくことは、本当に何が先にあって、私のことを待っているのかわからないことです。生活そのものは私の他者になってしまう、という恐ろしい事態になります。

それは、石井先生の二つ目の質問にも関わっています。つまり、ノイズから新しい政治、具体的に成り立っている新しい政治や新しい生き方や新しい秩序に行くためには、何らかの仕掛けがなければならない。それはもちろんのことです。しかし、仕掛けがなければならないのですが、仕掛けを見つけるために、あるいは仕掛けを作るために努力してはいけません。必ず失敗するからです。むしろ、新しい秩序に立ってから、振り返ってはじめてノイズのようなきっかけが発見され意識されることになるわけです。一方、ノイズから始める議論、あるいはカオスそのものに自己を定立して新しいもの、新しい秩序、新しい人間関係を生み出していこうとする企ては、必ず失敗します。したがって、仕掛けということは不可欠ですけど、それは遡及的に作り出されたものにすぎないということを私は強調したいです。

読書案内

文中で明示しなかった重要な文献をいくつか記しておきます。ノイズと秩序の関係については、ジャック・アタリ『ノイズ――音楽／貨幣／雑音』（金塚貞文訳、みすず書房、二〇一二年）が不可欠な論考です。ノイズを手がかりにして『阿金』を読解する試みは、拙著『魯迅を読もう――〈他者〉を求めて』（春秋社、二〇二二年）の第八章を参照いただければ幸いです。魯迅を紹介する書物が数多くありますが、竹内好の『魯迅』（講談社、一九九四年）はもっとも重要な文献の一つです。魯迅の著作についてのお勧めは、竹内好訳のいくつかの文庫版です。『阿Q正伝・狂人日記』と『野草』と『魯迅評論集』と『故事新編』はすべて岩波文庫に収録されており、簡単に手に入れることができます。魯迅を「中国の近代」という大きな問題意識から見る理論的な分析として、たとえば竹内好『日本とアジア』（筑摩書房、一九九三年）や Fredric Jameson, *Allegory and Ideology* (Verso, 2019) をあげておきます。

III

ただす

日本語の「ただす」には、物事を「正す」という意味のほか、真偽を「質す」、不正を「糾す」などの意味がある。共生をめぐる諸問題に取り組むにあたり、その「共生」という言葉にひそむ暗黙の前提を、あらためて問いなおしてみる必要はないだろうか。われわれが当然のものとみなしている通念をいったん揺さぶり、最終的にそれをより公正な着地点へと導くこと――第Ⅲ部に収められた四つの講義は、文学や哲学の営みを通して、共生の背後にある諸前提を「ただす」ことに捧げられる。

（星野 太）

第8講

いかにして共に生きるか

食べること、あるいは共同体のリズム

星野 太

ほしの・ふとし●東京大学大学院総合文化研究科准教授。一九八三年生まれ。美学、表象文化論。東京大学大学院総合文化研究科博士課程修了。博士（学術）。おもな著書に『食客論』（講談社）、『崇高のリミナリティ』（フィルムアート社）、『美学のプラクティス』（水声社）、『崇高の修辞学』（月曜社）、おもな訳書にリオタール『崇高の分析論』（法政大学出版局）などがある。

今日はひさしぶりの対面授業ということで、若干めずらしい資料も用意してきたのですが、機材にトラブルがあるようなので、基本的には通常通りのかたちで行いたいと思います。今日のわたしの話は、フランスのロラン・バルト（一九一五—一九八〇）という批評家が晩年に取り組んだ「共生」の問題を出発点としながら、おもに「食べる」ということについて、共同体のリズムという観点からお話ししたいと思っています。

共生という問題

まず本題に入る前に、この授業全体の「共生を問う」というテーマについてお話ししておきたいことがあります。わたしにとって「共生」は、もう一〇年以上気になるテーマでした。もう少しくわしく言うと、この「共生」という言葉に長らく違和感があったんですね。今から一〇年ほど前に、この駒場キャンパスにある二つの組織で四年ほど助教をしていたのですが、たまたまその二つともが「共生」という言葉を冠する組織でした。今もありますが、ひとつが「共生のための国際哲学研究センター」（UTCP）という研究センターで、もうひとつが「多文化共生・統合人間学プログラム」（IHS）という大学院プログラムです。

そういう個人的な事情もあって、当時のわたしは基本的にずっと「共生」とは何かということを考えざるをえない環境にいたわけですが、そこでやはり大きな疑問だったのが、この「共生」という言葉を「誰が」「誰に」言っているのかということでした。「われわれは共生すべきである」ということを、誰が、誰に対して言っているのか——この問題が、後々までずっと自分の問いとして残りました。

ここからもうすこし進めて言うと、この「共生」という言葉を軸に考えているかぎり、われわれはその問題の核心にふれることはできないのではないか。つまり、われわれは多様な価値観からなるこの社会で共に生きていいくべきだとか、異なる他者とともに共生すべきだということをお題目として言っているだけでは、おそらく問題の核心には届かない。本当に考えるべきは、われわれは他者と「いかにして共に生きるか」ということを、具体的に、終わりなき問いのかたちで考えなければいけないということですね。

具体的にというのは、例えばこういうことです。皆さんは今週、ひさしぶりに対面授業が再開されてキャンパスに来ていると思います。そうすると、オンライン授業のときとはちがって通学中に満員電車に押し込められたり、お昼休みに食堂に入りきれなかったり、そういう生活リズムのなかで生きざるをえないわけです。あるいはさきほどの授業前の機材トラブルのように、不測の事態もいろいろと起こる。そういう状況のもとで、どういうふうに他者と共にリズムを刻んでいくかというのが、今日の出発点となる問いです。

ロラン・バルトの講義録——いかにして共に生きるか

さて、そうした問題意識をふまえて、さきほども名前を挙げたロラン・バルトというフランスの批評家を紹介することから始めましょう。バルトをご存じの方もいらっしゃると思いますが、二〇世紀のフランスを代表する批評家・記号学者であり、場合によっては哲学者・思想家と称されることもあります。もともと文学を専門としていたバルトは『零度のエクリチュール』［一九五三］（石川美子訳、みすず書房、二〇〇八年）で一躍有名になり、その後も広告やファッションなど、当時としてはめずらしい対象を論じたことでも知られます。日本との関係で言えば、『記号の国』［一九七〇］（石川美子訳、みすず書房、二〇〇四年）という日本論の著者としても知られています。

これから話題にする「いかにして共に生きるか」という講義は、バルトが交通事故で亡くなる三年前に、コレージュ・ド・フランスという学術機関で行った講義のことです。本来であれば、今日は皆さんにこの講義の録音（CD-ROM）を聞いてほしかったんですね。コレージュ・ド・フランスというのは万人に開放されたオープンな学校で、大学ではありません。コレージュに選出された実績ある教授が大教室で講義をし、興味があれば誰でも聞きに来ることができるという、そういう国立の機関です。

さきほどもご紹介したように、バルトは、ファッションや広告をはじめとする同時代の現象をさまざまに分析した人で、当時たいへんな人気がありました。ひとつの教室には当然収まらず、コレージュ・ド・フランスのほかの教室も使って、スピーカーで同時中継を試みていたようです。今日のこの授業の始まりのようにさんざん技術班の方々ががんばって、それでも最後までトラブルは尽きなかったようですが。

これを録音で聞きながら、今から半世紀前の――昨今のオンライン授業を想起させるような――機材トラブルにさいなまれた講義に思いを馳せてみてほしかったのですが、それはまたの機会としましょう。

この講義については比較的しっかりしたノートが残っていますので、これを今日用意してきた不完全な録音で補いながら、そこでバルトがどういうことを語っていたのかを一緒に見ていきたいと思います（『いかにしてともに生きるか——コレージュ・ド・フランス講義一九七六—一九七七年度』野崎歓訳、筑摩書房、二〇〇六年）。

この講義は、フランス語で「Comment vivre ensemble」と題されています。英語で言えば「How to live together」に相当する表現です。つまり、この講義が概念としての共生、つまりco-existenceやsymbiosisを問題としようとしているのではなく、あくまで「いかにして共に生きるか」という疑問文のかたちをとっていることに注目してください。さきほども言ったように、「概念」としてではなく、ひとつの「問い」として共生の問題を考えるうえで、このタイトルは象徴的なものだと思うからです。

なおかつ、バルトは批評家ですから、共生の問題を考える際にも、あくまで過去の文学作品を通じて考えようとします。特に、文学作品に登場するさまざまな空間——牢獄、ホテル、自室など——をピックアップして、その空間のなかで人間がどのように共生しているのかということを論じていきます。

イディオリトミーとは何か

なかでも今日紹介したいのが、この講義録のなかで特権的な地位を与えられている現実の空間、すなわちギリシアのアトスという聖山にある修道院です。ここで、「イディオリトミー」といういくぶん聞き慣れない言葉が出てきますので、そちらを見ておきましょう。

まず、この「イディオリトミー」という言葉がそもそも何を意味するのかということから押さえておきます。これは一般的なフランス語の語彙ではなくて、もともとはギリシア語の二つの単語を合成したものです。その単語は、「自分の」とか「固有の」という意味の「イディオス」と、今日の「リズム」あるいは「流れ」に相当する「リュトモス」です。ですから「イディオリトミー」というのは、文字通りには自分に固有のリズムということです。

つまり概要だけを拾い出せば、バルトはここで「イディオリトミー」という概念を提起して、そこでおのおのが自分のリズムで生活する、そのような共同体を理想的なものとして構想した――そんなふうに考えられるかもしれません。実際、そのようなかたちでこの「いかにして共に生きるか」という講義を紹介している文献も少なくありません。

他方、わたしの知るかぎり、バルトがいったいどういう文献から、あるいはどういう文脈のなかでこの「イディオリトミー」という言葉を取り出してきたかということは、これまでほとんど論じられてきませんでした。

そこで、あらためてこの講義録に立ち返ると、バルトはこの講義の前年に出版されたばかりの『ギリシアの夏』という本を参照していることがわかります。著者はジャック・ラカリエールという人物で、けっこう分厚い四〇〇ページくらいの本です (Jacques Lacarrière, *L'Été grec. Une Grèce quotidienne de 4000 ans*, Paris, Plon, 1976)。

このラカリエールという人は、日本ではほとんど知られていませんが、ギリシアの文化や風習についてさまざまな書物を書いている、フランスではそれなりに名の知れた在野の書き手です。バルトはラカリエールの『ギリシアの夏』をたまたま手に取って、そこでこの「イディオリトミー」という言葉を見つけた——講義のなかでもそのように言っています。

そこでこの『ギリシアの夏』を読んでみると、さきほど申し上げたアトスという、今では世界遺産に指定されている聖山の話題がたしかに出てきます。ここは非常に立ち入りが厳しいところで、ギリシアのビザを持っているだけでは入山できない。そこからさらにアトスに入るための査証が必要な、そういう特殊な修道院のある山なんですね。

このアトスの修道院が、なぜさきほどの「イディオリトミー」と関係するのかというと、じつはこのアトスには二つのタイプの修道院があると言われています。そのひとつが、われわれが一般的に修道院としてイメージするような「共住的な」修道院です。ここでは日々のさまざまな礼拝や行事がすべて一緒に、基本的にはまったく同じリズムで行われる。これは、おそらくわれわれの多くが一般に想像するような修道院のありかただと思います。他方、それとは異なるもうひとつの修道院というのが、「イディオリトミックな」修道院とよばれるものです。これはさきほどの「イディオリトミー」

の形容詞形ですから、おのれのリズムで生活をすることができる修道院ということです（日本語には訳しづらいのですが、以前あるイベントでご一緒した山崎亮さんが、これに「思い思いの」という訳語を与えてくれました）。こういう修道院が、アトスという東方正教会の聖地には存在するという。ラカリエールの本から該当する部分を引用してみましょう。

> この〈聖なる山〉は、ある特殊な生活様式を生み出した。それが、ここでイディオリトミーとよぶものである。アトス山の修道院は、じつのところ二つの異なるタイプに分かれる。共住的、あるいは共同体的といわれる修道院では、食事であれ、典礼であれ、作業であれ、いっさいは共同で行われる。いっぽう、ここでイディオリトミックとよぶ修道院では、各々が文字通り個人のリズムで生活する。修道士たちはそれぞれが個室を持ち、（毎年恒例の祝典を除けば）自室で食事をし、修道院にやってきたときに持っていた所持品をそのまま持つことが許されるのである。
>
> (Jacques Lacarrière, *L'Été grec. Une Grèce quotidienne de 4000 ans*, Paris, Plon, 1976, p. 40)

ここに書かれているように、後者の「イディオリトミックな」修道院では、修道士が自室を持ち、ひとりで食事をし、さらにはもともと持っていた所持品をそのまま持つことも許される。全員が活動を共にするのは毎年恒例の決まった祝典くらいであると言われていますから、それ以外は修道士たちの自由に委ねられているということですね。

バルトは、こうした修道院のありかたを、みずからが考える「共生」のひとつの理想的な様態だとみなします。なぜ理想的かと言えば、まず、ここにいる修道士たちというのは孤独ではないわけですね。なぜならかれらは、志を同じくする仲間たちと一緒に生活をしているわけですから。にもかかわらず、そこで生活を共にする修道士たちは、他人によっておのれの生活リズムを崩されることもない。なぜならかれらは、修道院にいながら、みずからのリズムで生活を営むことができるからです。そのような意味で、このアトスの修道院は、ひとつの理想的な「共生」のありかたを体現するものであるわけです。

ユートピアとファンタスム

ただし、バルトがこうした特殊な修道院のありかたを「ユートピア」と言っていることには注意が必要です。ユートピアというのは、日本語では理想郷と言われたりもしますが、語源的には場なき場、あるいは非‐場のことです。いくぶん強く取れば、ユートピアというのはこの地上においては不可能な場であると言ってもよいでしょう。

バルトがアトスの修道院を「ユートピアである」と言うときも、そういうニュアンスがあると考えたほうがよいと思います。さきほども申し上げた通り、アトスというのはかなり例外的な空間であって、ギリシアという国の一部でありながら、入山するにはかなり厳密なプロセスが要求される。だから、アトスというのはもちろん実在はするのだけれど、それはこの世俗的な世界においてはまずもって不可能な空間である。これを裏返して言えば、わたしたちはユートピアで生きることなどできないわけで、現実にはさきほど話題にしたような大小さまざまなトラブルとともに生きていかざるをえない。

そこで、わたしとしては、バルトがイディオリトミーという特殊な生活様式を可能にするアトス山に言及するいっぽうで、日々われわれが直面せざるをえない軋轢にも言及していることに着目したいと思います。例えば次のような一節。

幻想《ファンタスム》はその合理的、論理的な反対物を持ちえません。しかしながら、幻想そのもののなかには、対抗 - イメージ、あるいは否定的な幻想とでもいったものがありえます。[……] 個人的な例を挙げましょう。〈共生〉の耐えがたいイメージ、わたしにとってそれは、レストランで隣の席に座っている感じの悪い連中とともに、永遠に閉じ込められることなのです。

(Roland Barthes, *Comment vivre ensemble. Cours et séminaires au Collège de France (1976–1977)*, Paris, Seuil, 2002, CR-ROM)

ここに挙げたのは、まさにバルトが具体的な現実のなかにある共生の「耐えがたいイメージ」について語っている部分です。ここは注目すべき点ではないでしょうか。一般的に「共生」という言葉が使われるとき、それはほぼ例外なく善いことであると考えられますよね。つまり「共生」というのは、それ自体が価値論的な意味合いを持った言葉であって、誰かと共生するのは善きことであるという内容がしばしば暗黙のうちに前提とされている。

しかし、具体的な現実に照らし合わせてみると、そこにはもちろん苦しい共生というものもあるわけです。誰かと共に生きるということがもたらす苦しさやストレスといったものも、当然のことながら存在する。わたしとしては、バルトが共生の「耐えがたいイメージ」とよぶ、この部分にこそ注目してみたいと思うのです。

本来であれば、ここでその録音を聞いていただくつもりでした。ここは録音を聞くと非常におもしろいところで、バルトがこの話をしたとき、会場ではちょっとした笑いが起こっているんですね。わたしは、この笑いが非常に印象的でした。というのも、この初回のコレージュ・ド・フランス講義では、最初の二〇分くらい、会場からずっと失笑が聞こえてくるんです。ずっと何らかの機材トラブルがあったんでしょうね。バルトがどんなに真面目な話をしても、音声のトラブルのためなのか、会場のどこかで誰かがくすくす笑っている。マイクの音がおかしいとか、あるいはハウリングしているとか、そういう重苦しい空気のなかで、ここではじめてまともな笑いが起こる。そういうちょっと感動的な場面なんですが、それはまあいいでしょう。

大事なところなので、もういちど読んでおきましょう――「幻想《ファンタスム》はその合理的、論理的な反対物を持ちえません。しかしながら、幻想そのもののなかには、対抗－イメージ、あるいは否定的な幻想とでもいったものがありえます」。ややわかりづらい言葉ですが、だいたい次のようなことですね。幻想というのはあくまで幻想であるので、その対となる現実的な対応物というものはない。しかしその幻想のなかには対抗－イメージ、つまりポジティヴな幻想に対応するネガティヴな幻想もある。ポジティヴな幻想というのは、アトスの修道院を引き合いに出してバルトが言ったような、ユートピア的な理想としての共生のことでしょう。これに対するネガティヴな幻想というのは、それと対極にある苦しい共生、耐えがたい共生のことです。

バルトがこの引用に先立って話題にしているのが「家族」です。家族というのは、共生のもっとも耐えがたいイメージを例証する最たるものである、と。ですから、このあとで話題にする家族を絶対視する思想に対して、バルトが否定的なイメージを付与しているということは覚えておいてください。

レストランという空間

さて、おもしろいのはもうひとつのケースです。その前の家族とくらべると非常に些末なことのようにも思えるのですが、バルトはこういうことを言っています――「個人的な例を挙げましょう。〈共生〉の耐えがたいイメージ、わたしにとってそれは、レストランで隣の席に座っている感じの悪い連中とともに、永遠に閉じ込められることなのです」。

これ、うっかりすると読み飛ばしてしまうのですが、わたしはここがたいへんおもしろいと思うんです。レストランというのは、考えてみると不思議な空間です。わたしたちがレストランに行くと、そこではまるで接点のない、見ず知らずの他人と隣り合う可能性がある。というより、レストランに行くということは、まったく見ず知らずの他人と空間を共にすることとイコールである。

要するにバルトが言っているのは、そういうたまたま隣の席にいる、しかも自分にとってはどうにも不快な話をしている連中と永遠に一緒にいなければならないとしたら、それはもっとも耐えがたい共生のイメージとなるだろう、ということです。

このレストランの話題から、食べることがもたらす共生の在りかたについて、さらに考えていきましょう。この流れでご紹介したいのが、ジャン・アンテルム・ブリア゠サヴァラン（一七五五―一八二六）というフランスの美食家が書いた『味覚の生理学』［一八二六］です。日本では『美味礼讃』というタイトルで知られていますが、この授業では原題どおり『味覚の生理学』で通します（『美味礼讃』関根秀雄・戸部松実訳、岩波書店、一九六七年）。

いささか些末な話と思われるかもしれませんが、バルトの「いかにして共に生きるか」という講義を録音で聞いていると、バルトが食べ物の話をしているときに、どうも会場から好意的な笑いが起こっているようなんですね。どうしてかなと思っていたのですが、おそらくこれは、バルトがコレージュ・ド・フランスでの講義の数年前に、ブリア゠サヴァランの『味覚の生理学』に序文を書いていたことと関係しているのではないか、と思い至りました。

これはわたしの想像ですが、コレージュ・ド・フランスに集った聴衆の多くは、『味覚の生理学』にバルトが序文を寄せていたことを知っていたのではないでしょうか。『味覚の生理学』そのものは一九世紀の本ですが、同書は一九七五年にバルトの序文を加えた新版がエルマン社から出ています（Brillat-Savarin, *Physiologie du goût avec une Lecture de Roland Barthes*, Paris, Hermann, 1975）。日本でもたまにあるケースですが、誰もが知る古典にいま売れっ子の批評家の序文を添えることで一儲けしようという、出版社の思惑が透けて見えます。

ブリア゠サヴァランと縁食論

ブリア゠サヴァランについては、その著書を読んだことはなくても、その名言を通じて知っている方も多いのではないかと思います。例えば「君が何を食べているのか言ってごらん。君が何者であるかを当ててみせよう」という有名な箴言がありますが、これは『味覚の生理学』のはじめに来るアフォリズムのひとつです。

このブリア゠サヴァランという人物は、一七五五年にベレーという地方都市に生まれています。パリで代議士をしているときに革命に巻き込まれ、いったんスイスを経由してアメリカに亡命したあと、ふたたびフランスに戻ってパリの破毀院に終生奉職しました。つまり、この人自身は料理人とかではまったくなくて、法律家だったんですね。

『味覚の生理学』は、ブリア゠サヴァランがその人生で蓄えてきた美食の知識を晩年に一冊の書物にしたものです。この本が匿名で出版された数カ月後、かれはこの世を去っています。

ところで、いまのブリア゠サヴァランの名前をいったん頭にとどめたうえで、もう一冊、現代の書物をご紹介しておきたいと思います。京都大学の藤原辰史さんはご存じでしょうか。藤原さんはこのコロナ禍でもさまざまな文章を書かれていて、それを通じて名前を知った方も多いと思うのですが、本来は農業史がご専門で、これまで食に関して数多くの本を書かれています。

藤原さんのご著書のなかに『縁食論——孤食と共食のあいだ』（ミシマ社、二〇二〇年）という本がありまして、今日はこれをご紹介したいんですね。サブタイトルにもあるように、一人で食べることと複数人で食べること、孤食と共食のあいだに「縁食」という新しい言葉を生み出した本です。「縁食」というのは、一人で食べる「孤食」とも、共に食べる「共食」とも違う。そのどちらでもなく、二つの中間にあるような食事の在りかたについて考えるためのキーワードとして、「縁食」という言葉が選ばれているわけです。

次に引用するのが、とりわけわたしが重要だと思う部分です。

孤食は評判が悪い。しかし、親友たちと食べることにも負けないくらい楽しいこともあるし、気が楽なときだってある。この批判用語には、どこか「家族絶対主義」の匂いがしなくもない。家族絶対主義とは私の造語だが、家族の崩壊が世の中の崩壊の最大の原因である、家族の幸福が世の中の幸福の中心にある、という近代市民社会でよくお目にかかる考え方のことだ。

(『縁食論――孤食と共食のあいだ』ミシマ社、二〇二〇年、一〇頁)

これはわたしもまったく同感なのですが、一般的に孤食というのは悪しきものとされて、対する共食、特に家族が共に食べるということはしばしば理想化されすぎてきたのではないか。でも、そのように孤食を否定的に捉えて、共食を称揚するような態度にも、それはそれで問題がある。だからこそ、両者の中間にある「縁食」について考える必要があるのだ、というのがこの一節の趣旨です。

もうひとつ引用です――「私たちはしばしば孤食を克服する概念として共食を置いてきた。しかし、あまりにも私たちは共食に期待をかけすぎていないだろうか。こころとからだに痛みを覚えながら、それでもひとりぼっちで食べざるをえない子どもたちに居場所を与えるヴィジョンとして、あまりにも一家団欒というイメージに拘泥しすぎてこなかっただろうか」(同前、一八頁)。こういうことを言っているわけですね。

孤食批判の背後にひそむ世界観

ここで話を戻しますが、さきほどのブリア＝サヴァランの本は、日本語で読んでも文庫判で二巻からなる分厚い本です。そこではありとあらゆることが話題になっているのですが、そのなかでブリア＝サヴァランはレストランについても一定の紙幅を割いています。

今のわれわれにはいささか想像しづらいかもしれませんが、この本が書かれた一九世紀前半のフランスには、現在のようなレストランはほとんど存在しませんでした。食べたいときに食べたいものを自由に注文できるのは一部の人々にのみ許された特権であって、ふつうの人は食べる時間とか、あるいは共に食べる人とか、あるいは食べるものを自由に選択できるような状況ではありませんでした。

そうした歴史的な背景のもと、ブリア＝サヴァランはレストランの出現がわれわれの食生活にとっていかに革命的なものであったかということを、かなりの紙幅を割いて論じています。『味覚の生理学』には「料理の哲学史」と題された章があるのですが、レストランこそは人類の食の歴史の最後の完成である、というようないささか大げさな言い回しすら見られます。

しかし、ここにはさきほどの孤食と共食の話題に絡めて、およそ見過ごせない一節もあります。ブリア＝サヴァランはレストランについてひととおり好意的なことをのべたあとで、それには弊害もあると言っているんですね。

では、レストランの弊害とはどういうものか。まず今日でも通じるものとして、うっかり食べすぎてしまうとか、あるいは自分のお財布に分不相応な出費をしてしまうとか、そういうものもあります。今も昔も変わらないことのようですが、これに加えてブリア＝サヴァランはこういうことも言っています。

しかし、これらのことよりもはるかに社会秩序にとって有害なのは、ひとりでの食事が利己主義を助長することとである。というのもそのために、周囲のことなどおかまいなしに、自分のことだけ考える、配慮を欠いた人間がしばしば散見されるのである。われわれの日々のつきあいのなかでも、食事の前、その最中、あるいはその後の態度をみれば、会食者のなかで日頃からレストランに出入りしている人間は、すぐにそれとわかるものである。

(Brillat-Savarin, *Physiologie du goût, ou Méditations de gastronomie transcendante*, Paris, Sautelet, 1826, tome II, 136)

若干マイルドな言いかたをしていますが、ここに著者は長い註をつけていて、こういう不作法な振る舞いをする人間に話を聞いてみると、奴らはみなレストランに入り浸っている輩である、といったことをかなり否定的なトーンで書いています。著者の言い分としては、レストランでひとり食事をとることに慣れきった人間は、会食の席でしかるべき振る舞いもできない不作法な人間になってしまう、ということですね。これはまさしく、さきほどの藤原さんが指摘していたような「孤食」を批判し、「共食」を無批判によしとする態度のひとつの原型、プロトタイプであると言ってさしつかえないと思います。

まとめ

ここまで、バルトおよびラカリエールの「イディオリトミー」に始まって、ブリア＝サヴァランの孤食・共食をめぐる思想について話をしてきました。われわれの日常のなかに避けがたく存在する、他者との（空間的な）共生という問題を前にして、これらがどういう思想的な問題を提起してくれるのか。それを、最後に二つの問いとしてまとめておきたいと思います。

ひとつめは、わたしたちが他者と空間を共にするということが、いったいいかなる営みであるのか、ということです。「共生」って、やはりどこか曖昧な言葉だと思うんです。そのようなことをわざわざ言わなくても、現実にわれわれはさまざまな人間と時間・空間を共にしている。今もこうやって、一〇〇人近くの人間が同じ空間を共にしているわけですよね。今、あなたの隣にいるのはご友人かもしれませんし、あるいはまったく知らない人かもしれません。寝ている人もいれば、熱心に話を聞いている人もいる。われわれは、日頃からそういう空間で生を営んでいるわけですよね。この二年ほど、そのような本来の空間経験がまさしく奪われていたわけで、ここにいるわたしたちは、全員が空間を共にするということのリハビリテーションをしている過程なのだと思います。

こうした昨今の状況とは関係なく、見知らぬ他者と空間を共にするということに、わたしは昔から強い関心がありました。特に、すごく親しい人でもなければ、まったくの他人でもない人と空間を共にするという——まさにこの教室のような——経験がいったい何をもたらしてくれるのか、ということは、若いころの自分にとって大きな関心事でした。というのは、学生のころ、わたしは映画館とかクラブがすごく好きだったんですが、そういう空間では、やはりぜんぜん知らない人とこれくらいの至近距離にいるわけなんですよね。そういう、孤立とも連帯とも異なるつかの間の共同体に、いったいどのような意味があるのか。いま挙げたもの以外にもさまざまな種類の空間があると思いますが、そういうことを、みなさんにもぜひ具体的な経験のなかで考えてみてほしいと思います。

それからもうひとつ、今日はほとんど展開できなかった問題ですが、飲食という行為を、大小さまざまな生物が交差する場として考えてみることもできるでしょう。これはまさしく、ここ数年のわれわれが直面せざるをえなかった問題ですよね。つまり、食事の場ではウイルスが行き交うリスクがあるから、わたしたちはプラスチックの衝立を介して食事をしなければならなかったり、マスクを着けて会食をしなければならなかった。

それは、多くの人にとってはつらい日々だったと思います。ですが、そもそも飲食の場面というのは、ウイルスであれ菌であれ何であれ、もともとさまざまな生物が交差する機会にほかならないわけです。わたしたちは——ほとんどの場合——口から栄養を摂取しなければならないわけですが、口を開けるということは、そこに異なる生物を招き入れることである。飲食の問題を、そうしたエコロジカルな次元で考えなおしてみることはできないか。

こちらに関しても卑近な話をすれば、わたしの家ではいつもぬか漬けをつくっているので、日々細菌に身体の調子を整えてもらいながら食事をしている——そういうことを意識せざるをえないんですね。そうした生態学的な営みとして、食事というものを考えてみることもできるでしょう。これも、ごく日常的な思想のレッスンとして、考えてみる意義のあるポイントではないかと思います。

読書案内

星野太『食客論』講談社、二〇二三年

この講義で話したことは、当時雑誌で行っていた連載評論「食客論」(『群像』講談社、二〇二一—二〇二二年)がもとになっています。これは現在単行本で読むことができますので、よろしければあわせてご参照ください。

藤原辰史『分解の哲学』青土社、二〇一九年
エマヌエーレ・コッチャ『植物の生の哲学』嶋崎正樹訳、勁草書房、二〇一九年

また、本講の後半でふれたエコロジカルな「食」をめぐる思想は、藤原辰史、エマヌエーレ・コッチャによる、農業や植物をめぐる思想から大いに着想を得ています。人文学の世界では人間中心主義への批判が叫ばれて久しいですが、それを具体的な日常の思想へと落とし込むには、食べる・食べられるという関係について根本から考えなおすことが不可欠であるように思います。

ルキアノス『食客』丹下和彦訳、京都大学学術出版会、二〇一四年
ミッシェル・セール『パラジット――寄食者の論理』及川馥・米山親能訳、法政大学出版局、一九八七年［新装版：二〇二一年］

さらに、この問題を考えるうえでわたしが着目したのが「食客」という古来からある形象でした。他人の家にやっかいになって食事にあずかるだけの、何の変哲もない居候――そのような印象は、古代ローマにおける諷刺作家ルキアノスの『食客』を一読すれば、とたんに消え失せるでしょう。他方、二〇世紀フランスの哲学者セールの『パラジット』は、このテーマについて哲学的に考えようとするならば不可欠の文献です。

第9講

共生と生政治

中島隆博

なかじま・たかひろ●東京大学東洋文化研究所所長。一九六四年生まれ。中国哲学、日本哲学、世界哲学。東京大学法学部卒業。東京大学大学院人文科学研究科博士課程中途退学。博士（学術）。著書に、『日本の近代思想を読みなおす1　哲学』（東京大学出版会）、『中国哲学史――諸子百家から朱子学、現代の新儒家まで』（中央公論新社）など多数。

共生の概念史

日本における共生という概念の歴史を一緒に振り返ってみましょう。よく参照されるのが法然です。法然は実際にはこういう言い方をしています。「願わくはもろもろの衆生と共に、安楽国に往生せん」。ここに「共に」と「生きる」の二つがありますね。共生はその複合語だというわけです。しかし、法然の言葉は、もともとは唐の善導の『往生礼讃』にある言葉から来たものです。「共に極楽に往生しよう」。そういう意味で共生を使っていたわけです。

この法然の「極楽に共に往生しよう」という考え方を「共生《ともいき》」という形で捉え直したのが、浄土宗増上寺の法主を務めた椎尾弁匡《しいおべんきょう》、弁匡上人とも言われる人です。この人が一九二二年に「共生《ともいき》運動」を起こしました。菊山隆嘉「椎尾辨匡師の「共生」思想形成史」（『共生文化研究』第二号、東海学園大学、二〇一七年）によりますと、椎尾弁匡は仏教を人間の仏教、そして社会の宗教と捉え、そのよりどころとなる善導の浄土教、ことにその凡夫観を研究したことにより、覚醒運動の名を「共生《ともいき》」としたのだろうと述べられています。「ちなみに「共生《ともいき》」の名前は、共生結集が開かれるための準備会合において、椎尾自身が決めたものである」（同、二三頁）ともあります。この「共生《ともいき》」が共生《きょうせい》になっていくわけです。

椎尾弁匡の「共生《ともいき》」概念を継承したのが建築家の黒川紀章です。最近、黒川の建築（「中銀カプセルタワービル」など）が取り壊されることをニュースで見たことがあるかもしれません。著作には、黒川紀章『共生の思想――未来を生きぬくライフスタイル』(徳間書房、一九八七年)などがあります。黒川は東海高校の時代に椎尾の「共生《ともいき》」に影響を受けたと言われています。

椎尾の「共生《ともいき》」において特徴的なのは、生命やいのちの強調です。大正生命主義という時代背景を強く感じさせるものですね。生きるとか生という概念は、近代の日本、特に二〇世紀の日本では非常に強調されていきました。いのちの強調もその文脈にあるわけです。檜垣立哉『西田幾多郎の生命哲学』(講談社学術文庫、二〇一一年、二六二―二六四頁)での大正生命主義に対する批判を読むと、生の強調の背景に、ある種のロマン主義的なものがあるのではないかと警告されています。そして、それは同時に自然を非常に強調するわけですが、その強調を間違った仕方でやってしまうと、単なる反社会的な装置か、あるいは極めて保守主義的な現状追認になるのか、どっちかになりかねない。そういう危険性が大正生命主義と言われる生命の強調にはあったというわけです。

共生の概念の歴史をさらに辿っていきますと、その後、恐ろしい言い方が出てきます。時代が下ると、「共生同死」あるいは「同生共死」といった表現が、親日傀儡政権下のアジア各国の指導者において用いられるというのです(上野隆生「歴史にみる「共生」」、『和光大学現代人間学部紀要』第三号、二〇一〇年、二六六頁)。つまり、「日本とその生死の運命を共にする」という意味で使われたのです。そして、その極点に沖縄戦での「軍官民共生共死」(同、二六七頁)という考え方が出てきます。それは軍国主義に自らの生死をともに捧げるような共生共死です。これは、法然の「共に極楽に往生しよう」という思いと比べると、真逆なものですね。

西田幾多郎のライフ

ここで西田幾多郎に触れておきたいと思います。『善の研究』は一九一一年に出版されています。中国での辛亥革命の年です。日本でも明治が終わりを告げて、大正がそろそろ始まろうとする、そういう時でした。西田は日本の近代哲学をつくった人ですが、その西田が最も考えようとしていたテーマの一つがライフです。それは、生とか生命とか、いのちとか、いろいろな訳し方があるものです。例えば一九〇二年二月二四日の日記にこうあります。「学問は畢竟 life の為なり。life が第一等の事なり。life なき学問は無用なり。急いで書物よむべからず」。西田の学問にとってライフがどれだけ重要であったのかがうかがえるかと思います。もちろん西田は非常に幅広く当時の欧米の哲学を見ている人ですから、認識論とか存在論とか、あるいは自然科学、科学技術とか、そういった方面でも非常に面白い理論を展開した人です。しかしその底ではライフこそが最重要だと考えていたのです。

最晩年に、西田は遺稿となった『場所的論理と宗教的世界観』を上梓しますが、それとともに、未完に終わった論文——それは「生命」というタイトルの論文でした——を準備していました。時代背景からしてもそうだとは思いますが、西田のように時代をある意味超えた人にとっても、ライフという問題は決定的であったのです。

西田でなくても、二〇世紀において、生命やいのちという概念は実に強力に作用しました。例えば「大切ないのち」とか「親から子へつながれるいのち」といった言い方は、ある意味で、わたしたちの無意識にまで染み通っているほどのものです。しかし、それは同時に、今日、問題にしようとしている生政治とも親和的なのです。

今日の生政治

共生は生命や生の共同体的な増進に向かいます。二〇二〇年以来のコロナ禍が示したのは、まさにこうした共生の方向でした。つまり、生命や生のためであれば、内と外を峻別し、安全安心な内に立てこもり、外は考慮に入れない。それがStay Homeの意味だったのですが、それは特定の生のあり方のための共生でした。

つまり、その特定の目的のためであれば、別のあり方をしている者は死んでもやむをえないと考えるのです。戦時中の共生共死と似たようなものがここには影を落としているのではないでしょうか。そのことが最も鋭く現れたのが、医療と介護の現場でした。「エッセンシャル・ワーカー」という表現によって指し示されたのは、安全な内を守るために外で働く人のことでした。医療と介護に従事する人たちは、自分たちの内を守ることが難しいばかりか、自分たちの家族が社会的に攻撃され排除される、そういうことまで経験させられました。そして、その人たちが働く病院と介護施設は二重に隔離されます。つまり、外に出された別の内として隔離され、患者や高齢者の家族が面会することもできず、その死に目にも会えず、さらには葬儀において触れることすらできなかった。こういう現実をわたしたちは経験してきたわけです。いったいそれはいかなる生命や生を守ろうとしていたのでしょうか。このことが問われなければならないと思います。
この問題に対して非常に印象的な批判をしたのが、ジョルジョ・アガンベンというイタリアの哲学者でした。イタリア政府がロックダウン政策を採ったことに対する批判ですが、こんなふうに言っています。

自分の生が純然たる生物学的なありかたへと縮減され、社会的・政治的な次元のみならず、人間的・情愛的な次元のすべてを失った、ということに彼ら〔政治家たち〕は気づいていないのではないかと思えるほどである。永続する緊急事態において生きる社会は、自由な社会ではありえない。私たちが生きているのは事実上、「セキュリティ上の理由」と言われているもののために自由を犠牲にした社会、それゆえ、永続する恐怖状態・セキュリティ不全状態において生きるよう自らを断罪した社会である。

（ジョルジョ・アガンベン「説明」、『現代思想』二〇二〇年五月号「緊急特集＝感染／パンデミック新型コロナウイルスから考える」、Kindle の位置No.406－411）

アガンベンは、ミシェル・フーコーの生政治の批判を独自の仕方で継承してきました。社会的・政治的な次元と人間的・情愛的な次元をたたえた生、これをビオスと彼は言っています。そのビオスに対して、生存のみの剝き出しの生をゾーエーと呼びます。両方ともギリシア語から来ているものです。ゾーエーの状態に人々を縮減していくのは、近代の生権力がまさに望んだことだったのではないのか。

前近代の権力は、フーコーの定義によると、死をちらつかせて「殺すぞ」という権力だったわけです。それに対して、近代の権力は、人々の生を監視し、管理し、規律化することによって人々をまとめ上げていく権力だと考えられています。そういう生政治が、二〇世紀、そして二一世紀にも展開しているのではないのか。そういった批判をアガンベンはしたわけです。

それに対しては、その後、亡くなってしまいましたが、ジャン゠リュック・ナンシーというフランスの哲学者が反論をしました。これは生政治の問題ではなく、ある種の例外化の問題であり、それを政府はただやらされているにすぎないのではないか（ジャン゠リュック・ナンシー「ウィルス性の例外化」、前掲『現代思想』二〇二〇年五月号、Kindleの位置No.143-147）。どちらが正しかったのか、間違っていたのかがここでの関心ではありませんが、こういう議論の応酬がなされたことが重要です。

二人の議論から考えられるのは、政府がナチズムのような仕方で生権力を体現化しているというよりも、わたしたちの生のあり方が脱社会化・脱政治化・脱公共化してしまっていて、プライベートなものが逆に弥漫した状況に置かれ、それを政府が支えてしまっている、ということではないでしょうか。ですから、二〇世紀的なナチズムに典型的な生政治とは違う生政治が機能している、そういうふうに考えたほうがいいのかもしれません。

市民的服従と人民の現前

二一世紀の生政治を支えているのは、デジタル全体主義ではないか。このデジタル全体主義という言葉は、マルクス・ガブリエルさんと一緒に本を出した時に（『全体主義の克服』、集英社、二〇二〇年）、今日の全体主義のあり方はデジタル全体主義と言えるのではないかと言われたことから来ています。GAFAというプラットフォーマーたちが強大な権力を握っているわけですが、その強大な権力に対して、わたしたちは、その便利さ、利便性のために唯々諾々として情報を与え続けています。そして、プラットフォーマーの決定に対して、民主的な関与はできません。そういう支配と服従の形式がわたしたちの現在の条件になっています。それは二〇世紀的な監視と服従とは違うかもしれませんが、ある種の自発的な服従がなされているのです。「市民的不服従」という概念は二〇世紀に登場したものですが、わたしたちは今、ひょっとしたら「市民的服従」をしているのかもしれないのです。

アガンベンの『スタシス』では、統治者がその健康を統治の任務にしているはずの人民について、こう述べられています。

つまり、人民とは、人民としてけっして現前しえない、したがってただ表象〔代表〕しかされえない絶対的現前者のことである。人民を指すギリシア語の用語である「dēmos」から取って、人民の不在を「アデミア」と呼ぶならば、ホッブズの国家は、あらゆる国家と同じく、永続的アデミアという条件において生きていると言える。

（ジョルジョ・アガンベン『スタシス――政治的パラダイムとしての内戦』、Kindle の位置 No. 847 - 851）

アガンベンは、アデミア、すなわち、人民のためにと言いながら、実は人民がそこには不在であることを指摘しています。人民に現前してもらっては困るわけです。家の中に閉じこもってもらわなければいけない。ホッブズが述べる主権者であるリヴァイアサンは、人民の不在において最も至高になっていくのです。これは『スタシス』の中でも非常に重要な箇所だと思っています。リヴァイアサンは永続的アデミア（人民不在）という条件において生きているのです。

『スタシス』の訳者の高桑和巳さんが解説で述べていたことも重要です。この人民不在のアデミアという概念は、二〇世紀にヒトラーが口にしたという volkloser Raum、つまり人民のいない空間という形に移し替えられているというのです。そうであるならば、リヴァイアサンや二〇世紀的な全体主義に対抗する一つの可能性は、代理なしの人民の現前になるのではないでしょうか。つまり、アデミアではなくて、パンデミア、すなわちあらゆる人々の現前、あるいはその形容詞形でのパンデミックなデモクラシーであると言えるかと思います。

パンデミック・デモクラシーと新しい普遍

では、パンデミック・デモクラシー、すなわちパンデミックなデモクラシーとは何であるのか。これはガブリエルさんからの引用ですが、こんなことを言っています。

――ウイルスのパンデミックの後に必要なのは、形而上学的なパン・デミックである。万人がすべてを覆う天のもとにいて、そこから逃れることはできない。わたしたちは今も、これからも、地球の一部である。わたしたちは今も、これからも、死すべき存在であり、弱いままであり続ける。だから、わたしたちは形而上学的なパン・デミックという意味での地球市民・世界市民になろう。他の選択肢を取るとわたしたちは終焉を迎えることになる。そうなると、いかなるウイルス学者であってもわたしたちを救うことはできないのだ。

（マルクス・ガブリエル「精神の毒にワクチンを」、マルクス・ガブリエル＆中島隆博『全体主義の克服』、集英社、二〇二〇年、二七頁）

ここで述べられているように、パンデミック・デモクラシーは、端的に言えば、世界市民のデモクラシーです。それを今度こそ実現するためには、グローバル市民権をはじめとする普遍主義的な理想を鍛え直しておかなければなりません。一九世紀的な近代西洋の普遍主義が崩れ始めたのは第一次世界大戦でした。その直前の世界は、現在以上のグローバル経済であり、緊密に相互依存した経済発展がなされていたと考えられています。

そのグローバル経済が復活したのは、二〇世紀も後半になってからでした。冷戦が終わり、グローバル経済が再び進展していく中で、第一次世界大戦前と同じように、「繁栄の中の苦難」が顕著になり、地域の衰退、過剰生産、全般的窮乏化が世界的に繰り返されていきます（小野塚知二編『第一次世界大戦開戦原因の再検討——国際分業と民衆心理』、岩波書店、二〇一四年）。例えば今日の世界的な格差の広がりは驚くほどです。グローバル化への嫌悪が広がり、ブロック経済化の兆候が見えていた時に、ちょうどコロナウイルスが蔓延したのです。国民国家単位で国境を封鎖し、移動を制限している状況を見ると、社会主義とナショナリズムという解決策がもう一度、登場する可能性もなくはありません。

それでも、わたしたちは一〇〇年前の轍を踏むわけにはいきません。この間、鍛えてきた哲学的な構想力を今こそ実践すべきではないでしょうか。その中心になるのが「新しい普遍」という考え方です。従来の西洋中心主義的な普遍の弊害は繰り返し指摘されてきました。それに対抗するのに、地域的な特殊性を強調することがしばしば見受けられましたが、往々にして、それは西洋中心主義的な普遍を補強するか、別の形で反復するという、残念な結果に終わっています。そうではなくて、普遍自体の普遍化が必要であったのだと思います。つまり、神もしくは理性という根拠に基づく西洋中心主義的な普遍は、普遍的なものではなかったのです。

そうではなく、感情に貫かれ、身体を通じてその生を生きる、人間という動物に定位した「新しい普遍」が必要なのだと思います。グローバルな市民権や人権、それは「新しい普遍」において定義されなければならない。これは、一九世紀的な人間中心主義、すなわちヒューマニズムを見直すことに直結します。動物や植物、そして環境に対して、非倫理的で過度な負荷をかけて維持されている今の人間中心主義的なシステム——資本主義がそれを利用しているわけです——を今度こそ変更しなければならないと思います。それは、政治・経済・科学が織りなしている現在の社会システムを変え、未来の社会システムを構想することだろうと思います。

このことを、具体的に、この新型コロナウイルスのパンデミックから考えてみると、どうなるでしょうか。議論の焦点の一つは、監視社会に陥らずに、しかし適切な情報の共有をどうはかるかにあると思います。

すでに触れましたが、プライベートな情報を人々が自発的に提供し、それを利用すれば、監視社会をつくりあげるのはさほど難しいことではありません。スコアリングを導入すれば、さらに人々の自発性が高まることでしょう。問題は、このようにして実現可能な「安全」な社会を望むのかということです。ここで問われているのは、人間の生のあり方そのものです。安全に生存できるのであれば、自由や権利がある程度損なわれても仕方がないと考えるのか、それとも安全な生存と自由や権利のトレードオフという枠組み自体を問い直し、人間の生を別の仕方で定義するのか。それが今、問われているのだと思います。

わたし自身は、今こそテクノロジーの出番だと思っています。人間の生の条件を豊かに整えることで、安全な生存と自由や権利の擁護を同時に実現することを望みたいと思います。つまり、監視に導かず、単純化した判断をさせないような意味での、「高度な」テクノロジーを実現することが必要だと思います。東日本大震災の後に、科学や技術に対する深刻な不信が広がったことを思い出しましょう。その核にあったのは、科学や技術が安全な生存を主張すればするほど、それが人間の生の条件を損なっているのではないかという疑問だったと思います。原子力によって作られる電気が社会的な貨幣となり、それを欲望させる回路ができていたわけですが、はたしてそれは人間の生を豊かにしたのか。逆に人間の生を損なう方向性を開いたのではないのか。まき散らされた放射線だけが人間の生を損なったのではなく、当時の科学や技術が前提にしていた「安全で安心」というイデオロギーが人間の生を深く損なったのではないのか。そう問われたのです。

では、わたしたちが今、考えるべき生の形式とは何でしょうか。再びアガンベンに戻りますと、かつての修道院規則に言及しながら、「いと高き貧しさ」こそが生の形式として重要だというのです（ジョルジョ・アガンベン『いと高き貧しさ――修道院規則と生の形式』、上村忠男・太田綾子訳、みすず書房、二〇一四年）。それは、その後の歴史が示した、所有権を中心とした生の形式とはまったく異なるものです。また、ハーバード大学の先生で、マイケル・ピュエットという中国哲学の研究者がいますが、彼は中国の礼という概念を再定義し、感情に基づきながらも、感情を陶冶していく礼を、生の形式として生きることの意義を強調しています（マイケル・ピュエット＆クリスティーン・グロス＝ロー『ハーバードの人生が変わる東洋哲学――悩めるエリートを熱狂させた超人気講義』、熊谷淳子訳、早川書房、二〇一六年）。

アガンベンにせよ、ピュエットにせよ、どちらも、感情に貫かれ、身体を通じてその生を生きる人間という動物に定位した生の形式を言祝ぐものだと思います。こうした生の形式は、日本でも道元が禅寺の規則――例えば清規《しんぎ》――を通じて開こうとしたものと別のものではありません。それは、プライベートなものをそのままに拡張することではありません。プライベートなものが生の形式を通じて変容することがどうしても必要だと思います。それをひとまずパーソナルなものの成立だというふうに考えてみたいと思います。アガンベンと類比的に言うならば、むき出しの欲望に定位するプライベートなものに対して、パーソナルなものはより社会的であり、共感的なあり方を示しているのだと思います。

わたし自身は、そのパーソナルなあり方を、Human Co-becoming、すなわち他者とともに人間的になるあり方として考えようとしています。それはHuman Beingという存在者として人間を捉えるアプローチとは異なるものです。Human Beingというのは、主体、主権、所有権といった近代的な概念系にあまりにも囚われており、人間中心主義を支えてきたものだと思います。雄々しい個人としての人間ですね。しかし、人間は放っておいても人間的になるわけではありません。それは他者とともに人間的になっていくほかない、そういった動物だと思います。これは、中国哲学で言うと、孔子以降、仁という新しい概念の下で繰り返し問われてきたことそのものです。

「朋あり遠方より来る、また楽しからずや」。この言葉が、コロナ禍において中国のある地区では出入りの合言葉に変更されました。「朋あり遠方より来る」、「必ずこれを誅す」。こういうふうに、内と外を峻別する暗号になってしまったわけです。しかし、それをもう一度、「また楽しからずや」と言い直すことが必要なのではないか。コロナウイルスのパンデミックにおいて、わたしたちにはこうした連帯が必要なのだと思います。それは友愛としての連帯の現代的なあり方であり、それこそが現代的な共生の可能性だと思います。

A　科学について質問があります。科学が持つ説得力はものすごく大きいと感じています。しかし、科学も実際に全部が正しいわけではありません。科学的な研究や言説を相対化させるものに、何があるのかなと思います。

中島　科学の問題は非常に大きいと思っています。科学的なものを相対化するために、「科学主義」という言葉があります。それは、マルクス・ガブリエルさんの言い方を借りれば、「神話化された特定の概念を使って、その上で科学的な言説が成り立つと信仰していること」になります。確かに科学は、最初から自らを普遍だと称しています。「日本的科学もなければ、中国的科学もない。科学は最初から普遍だ」。こう言うわけです。他方で、たとえば宇宙物理学の先生と話をすると、「宇宙のことは、ほんとうにわずかしかわかっていない」とおっしゃるわけです。「三割わかればいいほうです」。このように、非常に謙虚に、科学の限界に敏感なわけです。

ところが、ご指摘のように、「科学的な」という言葉をつければそのまま信じてしまう人たちがいるのと同様に、科学者の中にも科学の万能感に浸っている人もいるかもしれません。そうした「科学主義」に陥った科学の最も重要な対話相手は、やはり哲学だろうと思っています。なぜならば、哲学は概念の学ですから、概念を根本的に疑って、それを何度も鍛え直すからです。ですから、神話化された「科学主義」から科学を、ある意味で救済するようなことも哲学にはできるのではないか。そう思っています。今こそ哲学と科学の対話が必要だと強く思っています。

B　お話によれば、全ての地球で生きる人たちとCo-becomingで、お互いに関わりながら生きていくということになってくると思います。想像力を通じれば、確かにお互いが関わってくると思いますが、実際は人への関わり方はそれぞれ全く異なるし、程度にすごく差があります。結局、遠い他者は遠いままであるといったことが現実問題としては出てきてしまっていると思います。この点をどうお考えなのかを伺いたいです。

中島　近い他者にも遠い他者にも、わたしたちは何らかの仕方で出会います。唐の時代に禅宗が非常に隆盛しましたが、その時に禅の僧侶たちは、師を求めて行脚し続けました。近くだけじゃなくて、遠くにも行きます。結果的には、師は近くにいたかもしれません。それでも、それがわかるためには遠くに行かなければならない時もあったわけです。そうした出会いの出会い方にポイントがあるような気がします。

Human Co-becomingも自動的に生じるかというと、そんなことはないわけです。人が人間的になるためには何らかの努力が必要ですし、自分が頑張るだけではうまくいきません。何らかの、たとえばメンターのような存在がどうしても必要です。複数の人たちの間でしかHuman Co-becomingは成り立たないからです。いくつかの出会いのもとで成り立つのがHuman Co-becomingなのです。それは、近くにいる他者だったら起こりやすいかというと、そんなことはありません。唐代の禅僧のように、わたしたちにとっては遠くにいる他者とともにそれが起こるかもしれません。これぱっかりは、やってみないとわからないのです。そこには偶然性が深く影を落としています。人は出会うべき時に出会うべき人に出会うしかないとわたしはなぜか思い続けているのですが、近くにいれば、すぐさま出会えるかというと、そんなことはなく、何らかの準備が相互に整っていなければ、人は出会うことはないと思います。

C　わたしは、私的所有でもなく、共同的に所有するものでもない、別のあり方の所有権を考えなければいけないと思っています。私的所有の先の、オルタナティブとして何を考えているのかをもう少しお伺いしたいです。

中島　所有権がどういう形で発生してきたかに関しては、いろいろな議論があります。その中で、ジル・ドゥルーズのように、「国家的な公有権が、ある個人に分有されていったものが所有権だ」という言い方がなされる時があります。もしそうだとすると、今出してくださった議論は、プライベートな所有権とパブリックな所有権がある種の共犯関係にあることを指摘してくれたように思います。それに対するオルタナティブを考えようとして、わたしはあえてパーソナルという言葉を使いました。プライベートでもなく、パブリックでもない、そういう人間のあり方をパーソナルという言葉で何とか呼ぶことはできないか。そこでは、所有権のあり方も、私的所有権でもなく、公的公有権でもない形になります。より正確に言うと、パーソナルなあり方は、何かを持っているというよりは、それを生きているという感じなんですね。心とか身体はまさに所有ではなく、それを生きる何かですね。そして、その何かは、ある仕方で他の人と共有できたり、贈与できたりするものです。こうした可能性をオルタナティブとして考えることができないかについては、ずっと考えています。

D　パーソナルなHuman Co-becomingについて、もう少しお伺いしたいと思います。

中島　パーソナルというのも難しい言葉ですよね。これを「人格」と訳したのが井上哲次郎という東大の昔の哲学の先生です。ただ、今振り返って考えてみると、パーソナルというのは、人格という位階というよりも、何かそこで「このものである」ことが立ち現れてくるような、つまり特異な個体性が立ち現れてくる場所のような気がします。「このもの」というのは、今特異な個体だと言いましたが、やはり数えられるものだと思っています。ただし、数えられるのですが、数値化をはみ出し、十把一からげを否定していくものですね。そうした「このもの」としてのシンギュラリティー（特異性）が立ち現れてくる現場がパーソナルなものだと思います。

講義を踏まえて

この講義を行って一年以上経ち、あらためて考えることが多くありました。本講で示したように、共生という概念の歴史を辿ってみると、「共生共死」という実にやりきれないスローガンに触れざるをえませんでした。「共死」に決して導かない共生の条件とは何か。それは、近代そして現代の生政治からも距離を置いたものでなければなりません。言い換えれば、人々の生を監視し、管理し、規律化する権力から自由になると同時に、「市民的服従」によってわたしたちのプライベートなものを弥漫させることからも自由になるような条件です。それを本講では、公私のいずれにも属さないパーソナルな特異性の尊重ではないかと、仮の結論として提示しました。参加してくれた学生の方々からの質問も、それに関するものが多かったように思います。

パーソナルな特異性は、人工知能のあり方と対照させてみればよくわかるかもしれません。人工知能はユビキタスすなわち神のようにいつでもあらゆるところに存在する遍在性を示しています。それに対して、パーソナルな特異性は、今・ここに制約されていながらも、自分ではない他者に開かれつつ、たえず相互変容の中にあるものです。別の言い方をすれば、人工知能は身体を生きることがありませんが、パーソナルな特異性はまさに身体を生きるという経験そのものに由来するものです。とはいえ、パーソナルな特異性は、特定の身体に閉じ込められているわけではありません。それは、常に複数的なあり方をしているのです。

わたしたちは、一人称単数形として代名詞の「わたし」を考えます。しかし、もしその「わたし」が一人称複数形だとしたらどうでしょうか。「わたし」は「一」と数えられる何かを指示しています。それと同時に、その「一」は他者たちとの複合した関係性によって構成され続けていて（これがHuman Co-becomingという事態です）、他者が何重にも折り畳まれた「わたし」いわばpoly-folded subject（折り畳まれた複合主体）なのです。

人工知能にはこのような「一」が成立する余地がないように見えます。わたしたちはパーソナルな特異性を、「一」、「二」、「三」と序数化して数えることができます。それは十把一からげにならない数なのです。重要なことは、生きられる身体が「一」たらしめる境界をたえず形成し続けているということです。その境界を引き続け、複数的なあり方を「一」にまとめあげているのが「わたし」という事態なのです。共生の条件は、まさにこのような「わたし」すなわちHuman Co-becomingを、お互いに尊重し合うことにほかなりません。

もうひとつ付け加えておくと、人工知能には「知っている」「知らない」という対立は可能ですが、「知が及びえない」という知性の態度は備わっていないように思います。パーソナルな特異性は、それが成立するゆえんにまでは知が及びえないという態度が備わっています。すでに述べたように、それを記述したり、その構造を示したりはできます。ところが、そのゆえんには決して知性では届かないのです。「わたしたち」（場合によっては、一人称単数形の代名詞になるものですが）は、しかし、そのゆえんを体得しているのです。知性 intellectus とは異なる知のあり方 wisdom がここには働いているのです。

読書案内

本講で言及した参考文献以外に、いくつかの関連書籍を紹介したいと思います。最初は拙論で恐縮ですが、本講の元になった二つの論考をお示ししたいと思います。

中島隆博「パンデミック・デモクラシー」、筑摩書房編集部『コロナ後の世界　いま、この地点から考える』、筑摩書房、二〇二〇年

コロナ禍のなか、パンデミックを捉え返し、「パンデミック・デモクラシー」としてすべての人に関わる民主主義を構想した論考です。共生を考える際に、民主主義は不可欠の政治的態度だと思うのですが、コロナ禍では民主主義よりも強権主義が有効であるという言説が一時期優勢でした。この論考は、危機においてこそ民主主義の意義があることを強調したものになっています。

中島隆博「わたしたちの共生――パーソナルなものをめぐって」、『世界思想』「特集　共生」四八号、二〇二一年春号、世界思想社、二〇二一年

共生の概念史をあらためて書いてみた論考で、「共生共死」というスローガンに対抗する軸として「パーソナルなもの」を論じたものです。パブリックとプライベートの対立に収斂することのないパーソナルな次元をどのように論じたらよいのか。本講のもうひとつの基礎になった考えを示しました。

次に、本講を読んだ後に、さらに探究しようという方のために、次の二冊をご紹介いたします。

小川隆『禅僧たちの生涯――唐代の禅』、春秋社、二〇二二年

Human Co-becoming のひとつの到達点が「悟り」だと思います。この本が興味深いのは、唐代の禅僧たちが、師を求めてどんなに遠くても旅をし、自分にふさわしい師とともに「悟り」へ向かうことを示している点です。ひとりで悟るのではなく、他者とともに悟る。その原風景が描かれています。もうひとつ重要なことは、その「悟り」をさらに忘れ去って、ふつうに生きることの大切さを示した点です。「人間的になる」のは、この日常そのものにおいてだということがわかります。

森敦『意味の変容』、筑摩書房、一九八四年

この本は、後に、『森敦全集』第二巻（筑摩書房、一九九三年）に収められる一方、文庫化され、ちくま文庫（一九九一年）、講談社文芸文庫（二〇一二年）にも収められました。しかし、現在では、どの版も手に入れることが難しくなっており、手頃なものとしては、ちくま文庫の kindle 版があります。境界を含まない内部という全体、そして、内部＋境界＋外部という全体、さらにはパスカルを彷彿させるのですが、中心が至るところにあるという議論が、鮮やかに展開されています。poly-folded subjectとしての「一」なる「わたし」という概念を構想するヒントを得た本です。

第10講

文学研究と「ポストクリティーク」
批判は共生のための技術になりえないのか?

村上克尚

むらかみ・かつなお●東京大学大学院総合文化研究科准教授。一九七八年神奈川県生まれ、二〇一六年東京大学大学院総合文化研究科博士課程修了、博士(学術)。専門は日本の近現代文学。著書に『動物の声、他者の声日本戦後文学の倫理』(新曜社、芸術選奨新人賞受賞)、論文に「動物から世界へ――津島佑子「真昼へ」におけるアイヌの自然観との共鳴」(鵜飼哲編『動物のまなざしのもとで――種と文化の境界を問い直す』勁草書房)などがある。

はじめに

文学研究において、二〇世紀後半は文学理論の時代と言われます。構造主義に始まり、脱構築、精神分析、マルクス主義、フェミニズム、クィア理論、ポストコロニアリズムなど、人文学の異なる領域で生まれた知見が導入され、文学・文化テクストを読むための多様な理論が創造されました。それらに共通の基盤があるとすれば、「クリティーク」の精神だろうと思います。この「クリティーク」の定義については、すぐ後で触れます。いずれにせよ、私自身も、この「クリティーク」の精神に基づいて、今日まで文学研究を行ってきたつもりです。

しかし、リタ・フェルスキの『The Limits of Critique』(The University of Chicago Press, 2015)は、「ポストクリティーク」を提唱し、「クリティーク」に依拠したこれまでの文学理論とは別の読みの可能性を論じました。興味深い点は、この「ポストクリティーク」の主張の根底には——目立ってこの言葉が使われているわけではありませんが——「共生」への希求が存在しているということです。したがって、ここで私が考えたい問題は、共生のためには「クリティーク」はもはや無用なのかということになります。文学研究の観点から、この問題について考えてみたいと思います。

「クリティーク」とは何か

「クリティーク」とは何でしょうか。もともとは、「分ける」「区別する」という意味を持つ、ギリシア語の「krinein」が語源と言われます。ただ、現在のこの語の用法は、直接的にはドイツの哲学者イマヌエル・カントに由来します。カントの主著である『純粋理性批判』(原著一七八一年)、すなわち純粋理性のKritikは、純粋理性を否定したり、非難したりするのではなく、その能力を徹底的に分析し、吟味することを目指しました。ここから、「クリティーク」は、自己の拠って立つ基盤について吟味し、その可能性と限界を確定する営みとして理解されるようになりました。この「クリティーク」の精神は、マルクス、フロイト、ニーチェといった、二〇世紀の人文学に大きな影響を与えた思想家たちに継承されていくことになります。

「クリティーク」には、二つの日本語訳が存在します。一つは「批判」です。この訳語は主に、哲学や社会学における「クリティーク」に用いられます。たとえば「批判理論」と言えば、アドルノやホルクハイマーら、フランクフルト学派の社会学者たちの理論を指します。これは、マルクスとフロイトの概念装置を採用しつつ、現代社会の成り立ちを吟味することを通じて、その変革の可能性を探ろうとする理論です。

もう一つが「批評」です。こちらは主に、文学における「クリティーク」を意味します。「批評理論」と言った場合には、先ほど言及した、構造主義から始まる一連の文学理論のことを言います。いまお見せしているのは、廣野由美子の『批評理論入門』（中央公論新社、二〇〇五年）ですが、これはメアリ・シェリーの『フランケンシュタイン』を対象に、様々な文学理論を試していくものです。

このように、同じ「Critical Theory」でも、日本語では分野に応じて、「批判理論」「批評理論」と訳し分けられます。しかし、両者が同じ「クリティーク」という基盤を共有していることは言うまでもありません。日本の文芸批評に詳しい方ならば、一九九〇年代に『批評空間』という雑誌を主宰していた柄谷行人が、一貫して、カント、マルクスの「クリティーク」と自身の「批評」との連続性を強調していたことをよくご存じかと思います。

私自身も、文学研究に携わるうえで「クリティーク」の姿勢を重視してきました。私にとって導きとなったのは、私の指導教員だった小森陽一の一連の仕事でした。ここでは、「「こころ」を生成する心臓《ハート》」（『成城国文学』一九八五年三月）という有名な論文を取り上げます。この論文は、夏目漱石の『こころ』を論じたものです。『こころ』のあらすじはほとんどの方がご存じかと思いますが、念のため確認しておきます。

『こころ』は三部構成です。「私」は、鎌倉の海水浴場で、はじめて「先生」と出会います。「私」は「先生」に惹かれ、帰京後も足しげく自宅を訪れます。「先生」は、「奥さん」と二人で、隠者のように暮らしていました。「私」にも容易に心を開かず、謎かけのような言葉を投げかけるのみです（「上　先生と私」）。大学を卒業した「私」は父を見舞うために帰省します。父がいよいよ危篤になったとき、「先生」から長文の遺書が届きます（「中　両親と私」）。学生時代、「先生」は下宿の「お嬢さん」に好意を持っていました。同居していた友人のKが「お嬢さん」への愛を告白したとき、「先生」

は彼を出し抜いて結婚を申し込んでしまいます。二人の婚約を知ったKは自殺します。以来、「先生」は今日まで死んだように生きてきました。しかし、乃木希典が明治天皇に殉死を果たしたという報道に触れ、「先生」も「明治の精神」に殉死することを決めたのだといいます（「下　先生の遺書」）。

まず、小森は、「こころ」の冒頭、「私はその人の記憶を呼び起すごとに、すぐ「先生」といいたくなる。筆を執っても心持は同じ事である。よそよそしい頭文字などはとても使う気にならない」という叙述を引用し、この文章を書いている時点での「私」は「先生」の遺書をすでに読み終えていることに注意を促します。そうだとすると、ほかならない「先生」が自分の親友を「K」という「よそよそしい頭文字」で呼んでいたことが、「私」の意識にのぼらなかったとは考えにくい。したがって、小森の言葉を借りれば、「「私」は一方で「先生」という存在全体に共振し同調し、その生を反復しながら、他方「先生」が残した「遺書」の書き方に対しては、徹底して差異を強調する。他者に共感することが単なる同化とはならず、むしろ自分と他者との違いを鮮明にすることで、お互いをより本質的な共感へと開いていけることを、『こゝろ』というテクストは示している」ことになります。つまり、「私」は「先生」とは異なる生を歩むことを冒頭で宣言している。もしかしたら、「私」は「先生」が取りこぼした可能性、たとえば一人残された「奥さんとともに生きること」を選択するのではないか、ということも、論文後半では示唆されています。

このような構造は、『こころ』というテクストの全体を読まなければ見えてきません。しかし、高校の国語の教科書では、もっぱら「下　先生と遺書」のみを切り離してきました。小森はこの事態を、「先生」を相対化するはずの「私」の声の消去だとして批判します。小森は、「こうして『心』という

〈作品〉は、「倫理」「精神」「死」といった父性的な絶対価値を中心化する、一つの国家的なイデオロギー装置として機能することになってしまったのだった」と結論づけるのです。

この小森の論文には、「クリティーク」にまつわる、三つのポイントがあります。第一は、テクストのなかで見えなくされていた声の葛藤を露わにしていることです。一見すると、「先生」という特権的な声が最終的に全体を支配するかに見えるこのテクストの中から、抑圧されていた「私」や「奥さん」の声を掘り起こし、複数の声のあいだの葛藤を可視化することが達成されています。第二は、読者が共有しているイデオロギーを告発していることです。私たちは、「先生」のように信念を持って死を選んだ者に対して、自らの中途半端さを恥じ、ひれ伏してしまうところがあります。しかし、それは、多様な声を前提とする民主主義にとっては危険なことであり、自らのうちに潜むこの無自覚な従順性をこそ、私たちは抉り出し、吟味せねばならないのではないでしょうか。第三は、テクストの読みを、国語教科書などの装置に象徴されるような、より大きな政治・社会体制への批判へとつなげていることです。文学作品は決して単独で存在するのではなく、常に、すでに政治・社会体制のなかに組み込まれて機能しています。そのような体制が、私たちの文学の読みを規定していることを、この論文は告発しています。まとめれば、ここには、テクストへの批判、読者への批判、政治・社会体制への批判という、三つの批判が連関して出現しています。

このように、自明だと思われている事柄の一つ一つに対して、徹底した懐疑の視線を向け、基底を掘り崩していくことが「クリティーク」の方法だと言えます。この意味で、私にとって、この小森の論文は、理想的な「クリティーク」への道標であり続けています。

フェルスキと「ポストクリティーク」

「クリティーク」に親しんだ身からすると、リタ・フェルスキの『The Limits of Critique』は、にわかには受け入れられない主張を含んでいます。フェルスキは、従来の文学研究が「クリティーク」を過度に規範化していると主張し、それとは別の読みの可能性を探る「ポストクリティーク」を提唱したのです。

フェルスキは現在、ヴァージニア大学英文科の教授を務めています。当初は、フェミニズム批評家として活躍し、「クリティーク」の伝統とも親和的だったといいます。しかし、二〇〇〇年代後半から、徐々にこの伝統から距離を置くようになりました。

日本でフェルスキが話題に上るようになったのは、二〇二〇年に『エクリヲ』という雑誌で「ポストクリティーク」の特集が組まれたことが大きかったと思います。この特集には、『The Limits of Critique』の序文のほか、フェルスキに影響を与えた、イヴ・セジウィック、ブリュノ・ラトゥールの論文も訳出されています。これらを読むことで、「ポストクリティーク」が出現した背景をおおよそ摑むことができます。

私自身は英語圏文学の研究者ではありませんから、『The Limits of Critique』を十全なかたちで紹介することは手に余ります。ここでは特に、この連続講義のテーマである「共生」という観点に注目して、限定的なお話をしようと思います。以下は、私の試訳で、原書のページ数を示します。

フェルスキは、文学研究における「クリティーク」が自分に先行する言葉についての「クリティーク」であるという点を強調し、「クリティークとは共生的なものである。それは他者たちの思考に応答することを通じて自らも思考する」（121）と述べています。しばしば、批評家は自分では何も生み出さない「寄生」的な存在だと言われ、その存在を蔑む創作者も少なくありませんでした。ここでは、そのような「クリティーク」の性格が、「共生」という言葉で捉え直されています。つまり、「クリティーク」は、まさに「共生」のあり方を問うための格好の場なのだと言えます。

しかしながら「クリティーク」は自らが共生的であることを否認してきたと、フェルスキは言います。フェルスキによれば、「クリティークは二次的ではあるが、従属的であることからは程遠い。むしろ、クリティークは、テクストが与えるのとは異なる説明をテクストからもぎ取ろうと試みる。〔……〕クリティークは、テクストが白状することを拒む、隠された、直観に反するような意味を腹話術的にテクストに語らせる。それゆえ、クリティークは、解読する言葉に対して主権を確立し、テクストを転覆させ、自分はテクスト以上にテクストについて知っていると豪語する」（122）ということになります。

先ほどの小森論文を例にとるならば、小森が提示した読みは、必ずしも漱石自身が意図したのではない読みだったかもしれません。しかし、批評家は「自分はテクスト以上にテクストについて知っている」という信念を持ち、「隠された、直観に反するような意味」をテクストから引き出そうとします。フェルスキによれば、それは、批評家がテクストに対して、自らの「主権を確立し」ようとする振る舞いだということになります。言い換えれば、批評家は、テクストと共に生きることを選ぶのではなく、それを自分の解釈で支配しようとしていると言えるでしょう（ただし、小森の読みが本当にそのような性格しか持たないのかについては、強く留保したい気持ちがありますが）。

フェルスキに従えば、「クリティーク」は少なくとも二つの点で「共生」を阻害します。一つは、上に述べたように、テクストに対して主権的に振る舞うことで、テクストが読者に及ぼす多様な働きかけを軽視してしまうということ。「クリティーク」は、テクスト自体に対しても、同時代の権力のあり方に対して批判的な性格を備えることを求めます。逆に言えば、そのような批判性を持たないテクストは価値がないもの——イデオロギーにまみれたもの——とみなされてしまいます。その結果、政治的な正しさだけが、作品の価値を定める基準になる。これは個々のテクストの固有性を切り詰めることにならないか、というわけです。

もう一つは、「クリティーク」は「より批判的であること」を求める終わりのない運動だということです。批評家は、自身の読みが「浅い読み」「素朴な読み」とみなされることを恐れ、常識や自明性を疑い、より深い読みを追求していきます。その結果、批評家の読みは、一般読者とはあまりにもかけ離れたものになっていきます。批評家は、一般読者を「啓蒙」できるつもりでいるかもしれません。しかし、一般読者からすれば、自分たちの読みを否定されるばかりでなく、「お前たちは十分に批判的ではない」と下に見られている気持ちになるのではないでしょうか。こうして、批評家は、テクストのみではなく、一般読者との共生にも失敗してしまうことになるのです（ここでも少しだけコメントを挟むと、少なくともかつては批評家による「啓蒙」がうまく機能していた時代があったと思います。すると、フェルスキが挙げている「クリティーク」の問題は、知をめぐる社会的な布置の変化や、インターネットの登場に代表される技術の変化といった諸要因との連関で、歴史的に省察されるべき問題かもしれません)。

それでは、フェルスキの「ポストクリティーク」は、この問題をどのように解決しようとするのでしょうか。第一に、アクターネットワーク理論の導入です。アクターネットワーク理論とは、人類学者のブリュノ・ラトゥールらによって提唱され、人間以外の生物やモノや環境も含めて、すべてをアクターとして捉え、それらが形成するネットワークに注目する理論のことを言います。第二は、テクストと読者をつなぐ情動(affection)を重視するということです。この二つは強く連関しています。

粗雑なことを承知で、このあたりの議論を要約してみます。まず、いかなるテクストも、批評家が打ち負かす対象としてではなく、共に与え合う共同アクター(coactors)として捉えるべきだという主張がなされます。テクストは、読者を変容させる力を有している。この点で、小説を読み漁ることで人生を大きく変えてしまった『ボヴァリー夫人』のエマ・ボヴァリーは、読者の普遍的な体験を表わしています。さらに、テクストは、多様な人びと、人間以外の動植物、道具、制度、環境とネットワークを形成しています。テクストは、キャラクター、プロット、文体等々の諸レヴェルで魅力を発揮し、周囲のネットワークに影響を及ぼし、自らのコピーやクローンあるいは翻訳を作っていく。テクストは、自分が生まれた「いま・ここ」のコンテクストを離脱し、別のネットワークへと接続できる力を持っています。そこには間違いなく、アクターとしての固有の力があるのです。

この議論が、読者の情動の重視という次の論点につながります。情動は、自己の内部に単独で生じるものではなく、他のアクターによって触発されることで生じます。情動はアクター同士を結ぶつながりなのです。批評家は、論じる対象から距離を置くことで、この情動から身を守ろうとします。フェルスキによれば、批評家は、たとえ理性や客観性の根拠を批判しようとするその時でさえ、自分自身だけは理性的で客観的であろうとする。その結果、批評家は、対象との敵対については語れても、対象への愛を語ることはできなくなってしまいます。しかし、批評行為それ自体にさえ、探偵小説を読む際に感じるようなスリリングな情動がつきまとっています。私たちは、能動的かつ普遍的とされる理性ではなく、受動的かつ特殊的な情動に注目することで、文学テクストが形成するネットワークの固有性を抽象化することなく記述できるようになるのではないでしょうか。

このような議論を経て、フェルスキは以下のように結論します。「懐疑［クリティーク］と手を切ることで、私たちは、テクストだけでなく、テクストと私たちとの絡み合いやもつれ合いにも直面することになる。攻撃性は受容性に道を譲り、距離を置くことは承認された愛着と混じり合い、テクストの過去はその明白な現在を打ち負かすことなく、美学的な快楽と社会政治的な共鳴とは対立せずに編み合わされる。目指すべきは、もはや私たちが研究するテクストの現実性を減じることではなく、テクストを力に満ちた共同アクター、あるいは対等に出会う生きたパートナーとして、その現実性を増幅することである」（184–185）。こうして、「ポストクリティーク」が目指す、テクストとの、そしてすべての他者たちとの共生のヴィジョンが示されるのです。

文学研究の観点からの「共生」

それでは、私たちは「ポストクリティーク」の主張をどのように評価すべきでしょうか。

確かに、「ポストクリティーク」の主張には頷かされる側面があります。特に「クリティーク」における批評性の追求が時に暴力的な抑圧に転じてしまうという主張については、私自身も大いに反省させられる点がありました。

一つの典型的な例として、文芸批評家の渡部直己によるハラスメント事件を取り上げたいと思います。渡部は、柄谷行人らの近傍にあって、『日本近代文学と〈差別〉』（太田出版、一九九四年）など、重要な著作を刊行していました。二〇〇八年からは、早稲田大学の文芸・ジャーナリズム論系で教鞭をとっていましたが、二〇一八年に、女子学生にハラスメントを行っていた事実が報道され、解任されました。

私も、大学院生時代に、渡部の著作から多くを学びました。そのことに起因するショックは確かにありました。しかし、この事件を自分と関わりがあることとして顧みることはありませんでした。それは、渡部におけるセクシュアルハラスメントの側面を強調した報道がなされていたからだと思います。しかし、インターネットで公開された被害者による陳述書を読むと、アカデミックハラスメントの側面も非常に深刻だったことが分かります。

その一部を引用します。「それからW氏は「村上春樹・河合隼雄・ユングは魔のトライアングル」と言いはじめました。「こいつらは最低のライン」「バカばっかり」。河合隼雄批判に関してはもはや何の中身もありません。大教室の学生たちが笑っていましたが、わたしはまったく笑えなくなって、笑い声があがると下を向きました。わたしは河合隼雄の本を読むことで救われてきましたし、一緒に河合隼雄の勉強会をするようなユング派の方たちとも親しくしていました。わたしは踏み絵をさせられているような気分になりました。たしかに直接的にはわたしの名前は出されていません。でもそれは間接的にわたしやわたしの大切な人がバカだ、無能だ、と言われ続けているようなものでした」(大学のハラスメントを看過しない会「陳述書　第1　囲い込みの始まり」)。

これが自分とは無関係なことだと思えないのは、私自身も、渡部の——というよりも、渡部も参加していた『批評空間』周辺の——このような文学的評価を内面化していたからです。そこでは、村上春樹よりも中上健次や大江健三郎が、ユングよりもフロイトやラカンが、より「批評的」な作家や思想家だとされていました。私も彼女のような学生と出会えば、無意識にどこか下に見てしまったかもしれないと思うと、大変恐ろしい気持ちになりました。

被害者の女性は「村上春樹・河合隼雄・ユング」のテクストと愛着を持ってつながり合うことで、自らの生を支える固有のネットワークを形成していました。しかし、批評家であり大学教員だった男性は、それを「素朴」な文学受容にすぎないと切って捨てたのです。その結果、彼女は自らの生を危うくするところに追い込まれてしまいました。ここには、男性知識人たちが「クリティーク」の名のもとにマウント合戦を重ねる一方、そこから傷つきやすい存在が暴力的に排除されていくという構図を明瞭に見て取ることができます。この点について言えば、確かに「ポストクリティーク」は、共生のためのきわめて重要な知見を私たちに与えてくれるものだと言えます。

しかし、「ポストクリティーク」の主張のすべてに賛成するには、ためらいを覚えるのも事実です。それは、「ポストクリティーク」の主張があまりにも、現在の私たちの社会を覆っている保守主義と新自由主義のタッグと相性が良いように見えるからです。

「ポストクリティーク」は「クリティーク」を過去のものとすることで、社会に対する批判を封殺し、保守主義に与するものではないのか。このような疑念は容易に生じます。フェルスキ自身も、このような反論は承知していたようで、次のように自己弁護しています。「クリティークを問いに付すことは、保守的な勢力に敗北し、哀れに降伏したりすることではない、と私は確信している。むしろ、この問いは、人文学の価値に対する懐疑主義が高まるなかで、人文学の思想の肯定的なヴィジョンを表明したいという欲望に動機づけられている。なぜ芸術や人文学が必要なのかという疑問に対して、より説得力のある弁論をするためには、このようなヴィジョンがぜひとも不可欠なのである」(186)。

興味深いのは、「ポストクリティーク」の出現の背景に、昨今の人文学に対する根深い懐疑主義があったと明かされていることです。日本においても、産業界を中心に文学部不要論が公然と提唱されるとともに、二〇二〇年には当時の菅義偉首相によって、政府に批判的な見解を表明したことがある六人の人文学者が日本学術会議への任命を拒否されるなど、人文学に対する攻撃は枚挙に暇がありません。フェルスキの主張によれば、このような攻撃に対抗するためにこそ、人文学は「クリティーク」の閉域を打破し、一般の人たちとの「共生」を志向しなければならないことになります。しかし、「クリティーク」を放棄した人文学が人びとに受け容れられるようになったとして、それは保守主義への「屈服」とどのように異なるのかということは、なかなか答えがたい問題であるように思えます。

実際、私たちの社会では様々な領域で「クリティーク」の力が失われつつあります。政治の領域では、「野党は批判ばかりしている」という攻撃の声が強まり、野党までもが「提案型野党を目指す」と宣言してしまう始末です。もちろん「批判」からの脱却が、新たな共生の政治の可能性を導くのであるならば、何も言うことはありません。しかし、このような一連の動きの背景には、「批判は時間の無駄である」「批判は生産的ではない」といった、新自由主義と保守主義の結合があるのではないかと、どうしても疑いたくなってしまいます。

文学の領域では、「批評」が衰退を見せています。日本の文芸誌では、新たな批評家を育てるべき評論の新人賞が休止や廃止になっています。長い歴史を誇る「群像新人評論賞」も二〇二二年度で休止を公表しました。現在の文芸誌には「批評から書評へ」という流れがあると言われています。文芸誌における「批評」は、ある程度の長さを持ち、批評家独自の考察を交えながら、時に作品の限界までも指摘するようなものを指します。他方、書評は、長さが制限されており、未読の読者の楽しみを奪うネタバレは禁止、否定的な評価を書くことも好まれません。「批評から書評へ」という変化の背景には、出版業界全体が縮小傾向にあるなかで、批判点をあげつらうよりも、まずはその本の良い点を魅力的に紹介することで、読者の数を少しでも増やしていこうという思惑があるのではないかと思います。

もちろん、まずは多くの読者のもとに本が届くことが前提であり、それぞれのネットワークに組み込まれたテクストが思いがけない共‐生成の力を発揮することが、現状を変革していくことにつながるのだという主張も可能かもしれません。しかし、それは、売り上げ＝拡散を少しでも阻害するものは不要だという、新自由主義的な論理をたやすく追認するものではないかという疑念が拭えません。追い詰められた苦しい状況のなかで、それぞれの持ち場で努力を続ける、文学に関わる人たちに最大限の敬意を払いつつも、なおその傍らで「クリティーク」の精神を生き延びさせていく工夫も必要なのではないかと感じます。

おわりに

文学研究者のフェルスキが提唱した「ポストクリティーク」は、テクストと読者たち、あるいはそれを取り巻くすべてのアクターが正しく「共生」するためのヴィジョンを模索しています。しかし、他方で「共生」の名による「クリティーク」の相対化は、この社会に浸透している、保守主義、新自由主義の傾向とあまりにも相性が良いことも事実です。「共生」という言葉は美しく、反論しがたいものであるがゆえに、その「共生」が何ものかを抑圧したうえでの「共生」ではないかということには、常に疑念をもって——言い換えれば、「クリティーク」の精神をもって——臨む必要があると思います。

すると、結論としては、きわめて常識的な見解にたどり着きます。「クリティーク」と「ポストクリティーク」、すなわち対象への批判と愛は、どちらが欠けてもならず、ともに手をとって進んでいく必要があるということです。これは確かに常識的な、拍子抜けするような結論であるかもしれません。しかし、「より批評的であること」をめぐる不毛な競争をやめ、一般の人たちが持つ常識を尊重することも必要だということが「ポストクリティーク」の主張の一つであったとするならば、フェルスキもこの結論にはそれほど違和感を持たないでくれるかもしれません。

文学研究は、読むことについての終わりのない内省を通じて、他者のことばと正しく共生するための方法を探ってきました。私自身は、「ポストクリティーク」にいたったからといって、過去の試みが無効になるとは思いませんし、これが終着点ではないとも考えています。文学研究はこれからも、自分たちが生きる、社会、政治、歴史との関係性のなかで、共生のための方法を考え続けていくはずです。

講義のあとで

当日は、つたない講義にもかかわらず熱心な質問をいただきました。

まず、「クリティーク」と「ポストクリティーク」が手を携えていくためには、どのような場を作る必要があるのかという質問がありました。これは、講義では触れられなかった、日本における「批評」のもう一つの特殊な意味を呼び起こすものでした。それは、「研究」と「批評」という対立に基づくものです。「研究」は、大学のアカデミズムを基盤とします。これに対して、「批評」は、総合誌や文芸誌などのジャーナリズムを基盤とし、小林秀雄以来の伝統を持っています。「批評」は、制度的な拘束がないぶん、自由な発想で、多様な領域とつながり合い、豊かな知を育んできました。ただ、当然ながら、その「批評」は資本主義に支えられていたために、雑誌が売れなくなれば衰退の一途をたどってしまいます。このような場の問題も考えながら、「クリティーク」と「ポストクリティーク」が今後どうあるべきかを考えていく必要があります。

次に、ロラン・バルトの提唱した「作者の死」以降、研究の読みと一般の読みとの乖離が大きくなったのではないかという質問がありました。簡単に言うと、バルトの「作者の死」とは、テクストは、様々な出自を持つ書かれたものの集積として、作者から独立して存在しているので、そこに読者は自由に介入していくことができるという考え方のことです。他方、一般の読者からすれば、作者への思い入れは強く、その存在感から得られるエンパワーメントは大きいものがあります（日本の近代文学者たちが漫画やゲームになっていることからも、それはわかります）。この点で齟齬が生じているのは、ご指摘のとおりです。ただ、テクストは作者の専有物ではなく、相対的に自律した力を持つと考える点では、バルトとフェルスキの距離は、それほど遠いものではない気もしています。

最後に、「ポストクリティーク」の実践とは具体的にどのようなものかという質問がありました。これは、私もイメージが摑めずに、もどかしい思いをしていました。ただ、フェルスキは、大学院のゼミで、「クリティーク」の伝統から離れ、「好きなものを好きだと言ってよいのだ」と伝えた瞬間、学生たちの表情が見違えるように明るくなったという話をしています。これは、フェルスキが、フェミニズムやクィアの研究領域にいたことが関わっていると思います。つまり、彼女は、この社会で生き延び難いと思っている人びとが、文学テクストの力に触れてエンパワーされる経験を、最大限に重視したいのではないでしょうか。そればかりでは共感の共同体に流される危険もありますが、だからと言ってそのつながりを単純に切り捨ててよいことにはならないのもまた確かです。それこそ、小森が言っていたように、私たちは「共感」と「同化」を峻別し続ける必要があるのだと思います。

読書案内

文学理論の入門書として、以下の三冊を挙げておきます。

テリー・イーグルトン『文学とは何か――現代批評理論への招待』上下巻、大橋洋一訳、岩波書店、二〇一四年

石原千秋・木股知史・小森陽一・島村輝・高橋修・高橋世織『読むための理論――文学・思想・批評』世織書房、一九九一年

廣野由美子『批評理論入門――『フランケンシュタイン』解剖講義』中央公論新社、二〇〇五年

小森陽一の仕事に関心を持った方には、以下の三冊をお勧めします。

小森陽一『構造としての語り・増補版』青弓社、二〇一七年

小森陽一『文体としての物語・増補版』青弓社、二〇一二年

小森陽一『漱石を読みなおす』岩波書店、二〇一六年

「ポストクリティーク」については、まだ日本語で読める文献が少ないですが、以下がイメージを摑む助けになるかと思います。

リタ・フェルスキ「『クリティークの限界』序論」勝田悠紀訳、『エクリヲ』二〇二〇年五月号

ブリュノ・ラトゥール『社会的なものを組み直す――アクターネットワーク理論入門』伊藤嘉高訳、法政大学出版局、二〇一九年

イヴ・コソフスキー・セジウィック『タッチング・フィーリング――情動・教育学・パフォーマティヴィティ』岸まどか訳、小鳥遊書房、二〇二二年

第11講 有機体論的な隠喩をこえて、あるいはサイバネティクスのあとの哲学

ユク・ホイ ［訳］伊勢康平

ユク・ホイ●エラスムス大学ロッテルダム哲学教授。香港出身の哲学者。著書に『デジタルオブジェクトの存在について』（未邦訳）、『中国における技術への問い――宇宙技芸試論』（邦訳はゲンロン）、『再帰性と偶然性』（邦訳は青土社）、『芸術と宇宙技芸』（邦訳は春秋社）などがある。その著作は十数か国語に翻訳されており、二〇二〇年よりバーグルエン哲学・文化賞の審査委員をつとめる。

いせ・こうへい●東京大学大学院人文社会系研究科博士課程在籍。一九九五年京都生まれ。論文に「観念と力動――牟宗三の「唯心論」再考」（『中国哲学研究』第三三号）、「技術多様性の論理と中華料理の哲学」（『群像』二〇二三年四月号）などがあり、翻訳にユク・ホイ『中国における技術への問い――宇宙技芸試論』（ゲンロン）、『芸術と宇宙技芸』（春秋社）などがある。

動物の身体のようなものがそもそも可能であること自体が驚嘆すべきことである

——カント
「神の存在の唯一可能な証明根拠」

機械論およびテクノロジーによって近代が「自然」という生長の領域に「勝利」したあかしとして、「有機体」や「有機的なもの」が現れていることを認識するためには、まだ相当長い時間がかかるであろう

——ハイデガー
『黒表紙のノート』(GA94)

本日は共生の問いについてお話しします。まずこの「共生」という用語を英語に訳す場合、私は symbiosis よりも co-existence とするほうがよいと考えています。本講は、こうした私の考えの理由を説明しつつ、生物学的な発想にもとづいて共生の言葉を描こうとした過去の試みの限界を明らかにするものだと言えるでしょう。もっとも、それによって、現在私たちが直面している問題の解決策を提示でき

ると言うつもりはありません。この講演のねらいはむしろ、現在の哲学の条件との関連において、そうした問題を新しい定式のもとで提起することなのです。

共生という政治的プログラムの探究は、いまやさまざまな次元で喫緊の課題となっています。ここでは簡単に、いま私たちが直面しているふたつの明白な事実と困難を取り上げます。ひとつは生態系の危機です。これに対しては、私たち人間がいますぐ行動を起こすことを絶えず求められています。二〇二二年四月に「気候変動に関する政府間パネル」(ＩＰＣＣ)が発表した最新の報告ではっきり述べられているように、地球温暖化を一・五度に抑えるチャンスは「いましかない」のです[1]。およそ一〇年ほどまえから、私たちはいまや「人新世」に達していると言われるようになりました。人新世とは、人間の活動が地球上を支配し、地球圏の地球化学的な活動に影響を及ぼしつつあるような、新しい地質時代のことです。

もうひとつは、パンデミックのなかで、主権国家間の対立が激化していることです。二〇二二年四月に公開された日本の『外交青書』で言われているように——私の引用はＮＨＫの報道からなのですが——「世界は、米国が圧倒的な政治力・経済力・軍事力により先進民主主義国と共に主導力を発揮して国際社会の安定と繁栄を支える時代から、米中競争、国家間競争の時代に本格的に突入した」のです[2]。こんにちでは周知のとおり、米中関係は、両国が約五〇年前に国交を樹立して以来、最悪の状

---

(1) IPCC, *Climate Change 2022: Impacts, Adaptation and Vulnerability* (Cambridge: Cambridge University Press, 2022). URL=https://www.ipcc.ch/report/sixth-assessment-report-working-group-ii/ (二〇二四年三月七日アクセス)

態になっています。さらにいえば、これがふたつの国家にかかわる問題ではないことも明らかです。カール・シュミット的な用語でいえば、これはむしろふたつの広域〔Großräume、以下〔　〕内は訳者による補足〕の問題なのです。いまや第三次世界大戦は現実的な可能性となっています。未来の地政学の方向性は、この可能性にもとづき決定されることでしょう。

このふたつの局面は、いっけん別々の出来事のように思えます。ですが、両者は互いに関連しており、さらには一種の悪循環を――よくて行き詰まりを――構成しているのです。つまり、超大国のあいだで激化する経済や軍事の競争は、生態系の問題を悪化させるでしょう。それによって、天然資源をめぐる競争がより激しくなります。そしてこの天然資源が、さらなる経済力や軍事力をもたらすことでしょう。こうしたさまざまな理由のすべてが、いま共生の概念がきわめて重要であるわけを物語っているのです。

とはいえ、こんにち共生について語るには一体どうすればよいのでしょうか？　たいへん広い意味で捉えるなら、そもそも哲学とは、その起源が西洋であれ東洋であれ、はじめから共生にかんするものであると言うべきでしょう。たとえばGnothi seauton（汝自身を知れ）というデルフォイの神託は、すでに配慮の共同体への道を示しています。つまりプラトンの『アルキビアデスI』のなかでソクラテスがアルキビアデスに語ったように、他者に配慮するためには、まず自分自身を知り、配慮する必要があるということです。また、儒学や道家思想のなかに、よく似た意図を述べた知恵を見いだすこともできるでしょう。ソクラテスや孔子の知恵はいまでも貴重なものではありますが、私たちはかれらの時代を生きているわけではありません。哲学は、それぞれの時代に応答しなければならないのです。さもなくば、哲学は死を迎えることでしょう。

そのため私たちは、「惑星化」（planetarisierung）のプロセスとの関連のなかで、共生の問いに取り組む必要があります。「惑星化」という言葉は、マルティン・ハイデガーが述べたような意味で理解するのがよいでしょう。ハイデガーにとって、とくに一九三〇年代の著作のなかでは、惑星化とは惑星的な規模で意味の「省察が欠如すること」（Besinnungslosigkeit）を示しています。[3] これはヨーロッパにかぎったことではなく、たとえばアメリカや日本にも該当するものです。ここでの私たちの目的にとって、惑星化の概念がもつ意味は少なくとも三つあります。

（一）私たちは、世界史とは惑星化の歴史であると理解できます。
（二）いまや私たちは惑星的な現実を生きており、それは国民国家の現実と緊張関係にあります。
（三）私たちは、地球と呼ばれる惑星のあらゆる非人間的存在者を支配しつつあります。

したがって共生の問いは、惑星的なものの観点から検討されるべきなのです。言い換えれば、共生の問いは国家間の対立を和解させる方法にとどまるものではありません。むしろ存在の惑星的な条件について省察することでもあるのです。こんにちでは、共生について語る際に、すぐさま政治的生態

（2）外務省『外交青書２０２２』、一四頁。URL=https://www.mofa.go.jp/mofaj/gaiko/bluebook/2022/pdf/index.html
（3）Martin Heidegger, *GA66 Besinnung (1938/39)* (Frankfurt am Main: Vittorio Klostermann, 1997), 74.

学に言及したり、「環境を救おう」とか「人間と自然の調和を取り戻そう」などと言ったりしがちです。このような傾向は、たとえば「共生」をsymbiosisとする翻訳にも反映されています。じっさい私は、日本語の「共生」を翻訳する際にしばしばsymbiosisという語が用いられると知ったとき、たいへん興味深いと思いました。それ以来、このような疑問をもっています——なぜ生物学に由来するこの用語が、こんにちの思考のパラダイムに、あるいは思想のイメージになっているのでしょうか？symbiosisという言葉は、ある別の用語と交換可能な場合があります。それはecology〔生態学／生態系〕です。どちらの用語も生物学に由来しており、部分が全体を構成すること、そしてさまざまな部分がいかにある種の相互関係を形成し、それによって互いに結びつくのかを示しているのです[4]。

哲学の有機的な条件

よく知られているように、symbiosisという語は、ライプツィヒのアルベルト・ベルンハルト・フランク（一八三九—一九〇〇）によって、一八七七年に導入されました。かれはSymbiotismusという言葉を作りだしたのです。

——ふたつの異なる種が、相互を頼りにして生存したり、一方がもう片方のなかに生きていたりするような事例のすべてを、ひとつの包括的な概念のもとに置く必要がある。この概念は、ふたつの個体がもつ役割の如何は考慮せず、ただ両者の共存〔coexistence〕だけにもとづいている。こうした概

念には、Symbiotismusという用語が推奨されるであろう。(5)

一方で生態学《エコロジー》という言葉は、同時期のドイツで、エルンスト・ヘッケルというダーウィニズムの生物学者によって提唱されました。ヘッケルは、有機体とその環境との相互関係を描くために生態学という語を使ったのです。かれは（一八六六年に）こう述べています。

生態学とは、自然界の体系にかんする知の根幹を意味する——すなわち、ある動物とその無機的および有機的な環境との全体的な関係を調査することだ。このような関係には、とりわけその動物が、ほかの動植物とのあいだに直接的ないし間接的に結ぶ、友好関係や敵対関係が含まれる。言い換えれば、生態学とはダーウィンが生存競争の条件として言及した、複雑な相互関係のすべてに対する研究なのだ。(6)

つまりsymbiosisとは、環境が少なからずほかの種によって構成されるという、生態系《エコロジー》におけるひとつの具体的な事例だといえるでしょう。

（4） 以下を参照。Jan Sapp, *Evolution by Association History of Symbiosis* (Oxford: Oxford University Press, 1994).
（5） Ibid., 6.
（6） Robert C. Stauffer, "Haeckel, Darwin, and Ecology," *Quarterly Review of Biology 32, no. 2* (June 1957): 141.

このような有機体論的な隠喩は、二〇世紀前半に頂点へと達しました。その様子は、アンリ・ベルクソンやアルフレッド・ノース・ホワイトヘッドのような哲学者や、ルイス・マンフォードやジョゼフ・ニーダムといった歴史学者など多くのひとに見受けられるとおりです。東洋でも、中国や日本で、有機体論と東洋的な思考を結びつける哲学者が現れました。たとえば三木清の『技術哲学』（一九三八年）では、伝統的な日本の精神、すなわち「オルガニスムス」に回帰することで、テクノロジー的な文化による堕落を乗り越えようと提案されています。(7) しかし、こうした有機体論的な隠喩は、いまやその意義を失っていると思われます。これは単なる偶然の出来事にはとどまらない、ひとつの分岐点です。いまこそ私たちは、哲学の課題を再考し、共生という大きな問題について省察しなければなりません。

ここでひとつ、私の主張を述べたいと思います。それは、近代哲学の発展における特徴は、機械論と有機体の対立であるというものです。つまりこの対立が、近代哲学の基礎を構築するための土台になっているというわけです。そしてこの対立のカギとなるのが、カントの『判断力批判』なのです。『再帰性と偶然性』のなかで、私は、ほかでもないカントこそが、哲学の有機的な条件を定めたのだと主張しました。さらに同書では、その理由を示しつつ、フィヒテやシェリング、ヘーゲルといったポストカントの観念論者が、いかにこの有機的な条件によって育まれ、やがてそこから出発して各自の体系を展開していったのかを明らかにしようと試みました。(8) 哲学の有機的な条件とは、要するに哲学が存在するためには、かならず有機的なものになる必要があるということです。

周知のとおり、機械論的な思考は、一七世紀から一八世紀初頭にかけて有力になり、機械論的な世

鞴《ふいご》からの空気	心臓からの精気
音を鳴らすパイプ	精気が通る脳の孔
パイプ内の空気の分散	脳孔内の空気の分散

界観を押しつけました。このような世界観は、科学革命と適合していただけでなく、デミウルゴスの神話とも両立可能なものだったのです。おそらく、デカルトが（一六六〇年に）身体を描写するにあたって用いた例は、この点を説明しています。そこでは身体のさまざまな部位が、教会のオルガンと比較されています[9]（表を参照）。

カントは、批判哲学を構築する以前に、こうした見解に対して「そもそも動物の身体というものは一体どうして可能なのか」と抗議しました。また、のちの『判断力批判』では「一本の草を説明するニュートンすら現れないだろう」と言っています[10]。これらはみな、機械論的な見方に反対したものなのです。有機的なものに対するカント

（7）三木清「技術哲学」、『三木清全集　第七巻』、岩波書店、一九八五年。ここで三木は、Organismu という語をカタカナで「オルガニスムス」と表記し、これを日本の精神に結びつけている。三木に対するより詳細な評論については、以下を参照。Yuk Hui, *Art and Cosmotechnics* (Minneapolis: University of Minnesota Press, 2021), Chapter 3.

（8）以下を参照。Yuk Hui, *Recursivity and Contingency* (London: Rowman and Littlefield International, 2019).〔ユク・ホイ『再帰性と偶然性』、原島大輔訳、青土社、二〇二二年〕

（9）以下を参照。René Descartes, "Description of the Human Body," in *The World and Other Writings*, trans. Stephen Gaukroger (Cambridge: Cambridge University Press, 2004).〔ルネ・デカルト「人体の記述」、山田弘明・竹田扇訳、『デカルト医学論集』、山田ほか訳、法政大学出版局、二〇一七年。なおこの表は、『再帰性と偶然性』の邦訳二〇五頁にも掲載されている〕

の理解は、その大部分が『判断力批判』に明記されています。同書は二部構成になっています。すなわち美と崇高にかかわる「美的判断力の批判」と、有機体や自然の目的にかんする「目的論的判断力の批判」です。このふたつの判断力は、ある特定の作動と機構にもとづいています。それは反省的判断力です。反省的判断力は、規定的判断力とは区別しなければいけません。後者は『純粋理性批判』の基礎となっており、ちょうど感覚与件が悟性の一二のカテゴリーに従属するように、構成的原理にしたがって特殊なものを普遍的法則に組み込むはたらきをもちます。反省的判断力は、これとは根本的に異なります。なぜなら、この判断力は統制的原理にしたがうからです。つまりそれは、特殊なものを普遍的なものに組み込むのではなく、むしろ特殊なものから普遍的なものに至る過程のなかで、特殊なものそれ自体の法則を引き出そうとするのです。そのため、反省的判断力は偶然性へと開かれています。これは、自身への回帰によって自身を確定させるために欠かせない要素です。この循環運動は、単なる反復（A-B-C-A）ではありません。私はそれを再帰的な運動と呼んでいます。つまりそれは、あらたな作動と機構（A-B-C-A′）を指し示しているのです。

カントによる有機的形式のもっとも明確な定義は、『判断力批判』の第六四節にあります。そこでカントは、有機的存在者を次のように定義しています。「あるものが、（二重の意味においてではあるが）みずからの原因であり結果でもある場合、それは自然の目的として存在する」[11]。そしてカントは樹木を例に挙げ、それを有機的存在者として規定する三つの要素を強調しています。まず、樹木はその「属」にしたがって自己を再生産します。つまり、ある樹木はまた別の樹木を産出します。それから、樹木は自己を個体として産出します。そして環境からエネルギーを吸収し、それを栄養素に変えてみずからの生命を維持します。さいごに、樹木のさまざまな部位は、それぞれ相互関係を結び、全体を構成します——カントが述べるように「ある部分の保存は、ほかの部分の保存と相互に依存している」のです。要するに有機的存在者という概念は、部分と全体の相互関係や、再生産の能力にもとづいています。またこの概念は、ふたつの重要な関係性のカテゴリーを肯定しています。それは共同性（Gemeinschaft）と相互作用（Wechselwirkung）です。これらは、自己組織化の原初的な形式となっています。まさにカントが言うとおり、「自然はむしろみずからを組織化する。しかもこの組織化は、組織化された自然の産物であるそれぞれの種のなかで行なわれる——たしかに、全体的な特徴としては単一のパターンにしたがうのだが、しかし特定の状況下で自己の存続を保障するために、計算された逸脱が許容されてもいるのだ[12]」。

---

(10) Immanuel Kant, *Critique of Judgment*, trans. James Creed Meredith, ed. Nicholas Walker (Oxford: Oxford University Press, 2007), §75, 228.〔イマヌエル・カント『判断力批判』、熊野純彦訳、作品社、二〇一五年、四一九—四二〇頁。訳は英文より。ちなみに本文の引用は原文の表現とは異なっており、ホイ自身のパラフレーズであると思われる。該当箇所の記述は以下のとおり。「「それでもいつかは、ニュートンのような人間があらわれて、たとえ一本の茎の産出であれ、どのような意図によって定められたものでもない自然法則にしたがって理解させるだろう」などといった見こみをいだいたり、そう希望したりするだけでも人間にとっては不合理である」〕

(11) Ibid., 199.〔同上、三七五頁。訳は英文より〕

(12) Ibid., 202-203.〔同上、三八二頁。訳は英文より〕

共同性と相互作用というふたつの概念は、カントの政治哲学の特徴にもなっています。この点については、アーレントの『カントの政治哲学講義録』の助けを借りつつ、概要を確認することができるでしょう。カントの政治的な理想は、自然という「偉大な芸術家にして［……］最終的な「永遠平和の保障」」を基礎としています。[13] これは、『世界市民的見地における普遍史の理念』におけるカントの以下の発言を想起させます。「人類の歴史全体は［……］自然の隠された計画の遂行［Vollziehung eines verborgenen Plans der Natur］とみなすことができる」。[14] 仮に人類という種の歴史が、自然の隠された計画の遂行に等しいとすれば、その理由はこの計画が目的論的かつ有機的なものであり、また共和主義的な憲法をつうじて共同性と相互作用を保障するものでもあるからです。とすると、有機的なものというカントの概念は、単なる一種の作動の方式ではなく、むしろ哲学的思考のあらゆる領域——実践理性、美的判断力、そして世界市民主義——の条件を規定するものだと言えるでしょう。

短いものではありましたが、ここまでの補足説明によって、少なからず一八世紀の自然主義者に由来する有機的なものの概念が、どのようにして、新しい作動と機構の形式をもたらしただけでなく、さらに哲学がその新しい条件を特定することを可能にしたのかを理解できるかと思います。別の言いかたをすれば、機械論がもつ説明能力が全体化し、のちには産業主義による支配が起きるなか、哲学はこれらを否定することで、有機的なものを取り込みました。ですから、とくにフィヒテやシェリング、ヘーゲルといったポストカントの思想家においては、反省の機械論と有機的なものの概念の両方が、その哲学的なプロジェクトの中心にあるのです。もっとも、ここでシェリングの自然哲学やヘーゲルの有機体論的な論理——これは自然の有機体論とは区別すべきです。こちらの概念はあまりに脆弱ですから——に踏み込むことはできないのですが。簡潔ではありますが、以上の議論によって、カントの『判断力批判』以後、有機的なものが哲学の新しい条件になった、という私のひとつめの主張が明らかになればと思います。

サイバネティクスのあとの哲学

ここからはふたつめの主張に移りましょう。もはや有機体の概念は、テクノロジーに対抗するため

---

(13) Hannah Arendt, *Lectures on Kant's Political Philosophy* (Chicago: University of Chicago Press, 1989), 25.〔ハンナ・アーレント著、ロナルド・ベイナー編『完訳 カント政治哲学講義録』、仲正昌樹訳、浜野喬士訳書編、明月堂書店、二〇〇九年、三三頁。訳は一部変更している。なおホイは、本講の理解を助けるために以下の文献もあわせて読むことを勧めている。Immanuel Kant, "Toward Perpetual Peace: A Philosophical Sketch," in *Toward Perpetual Peace and Other Writings on Politics, Peace, and History*, ed. Pauline Kleingeld, trans. David L. Colclasure (New Haven and London: Yale University Press, 2006). 邦訳はイマニュエル・カント「永遠平和のために——哲学的な草案」、『永遠平和のために／啓蒙とはなにか 他3編』、中山元訳、光文社、二〇〇六年〕

(14) Immanuel Kant, "Idea for a Universal History with a Cosmopolitan Aim," in *Kant's Idea for a Universal History with a Cosmopolitan Aim: A Critical Guide*, eds. Amélie Oksenberg Rorty and James Schmidt (Cambridge: Cambridge University Press, 2009), 11. (AK 8: 18.)〔カント「世界市民的見地における普遍史の理念」、福田喜一郎訳、『カント全集14 歴史哲学論集』、福田ほか訳、岩波書店、二〇〇〇年、一六—一七頁。なお、引用文中の［ ］を用いた補足はホイによる。〕

の概念的な道具を哲学に与えてはくれません。ですから私たちは、哲学やその他の人文系諸分野が借用してきた生物学的なカテゴリーを、新しい条件のもとで再考する必要があります。テクノロジーによる自動化《オートメーション》は、「有機的になること」と「道徳的自律性」の両方を指針としています。では、このような観点からみれば、こんにちにおける有機的なものや有機体論の状況は、どのようなものといえるでしょうか(15)?

よく知られているとおり、有機体論は発生学に啓発された哲学的な思想として、二〇世紀に発展しました。その担い手は、アルフレッド・ノース・ホワイトヘッドを中心とするさまざまな哲学者や、(戦前に「ロンドン理論生物学クラブ」を結成していた)ルートヴィヒ・フォン・ベルタランフィ、ジョゼフ・ウッジャー、ジョゼフ・ニーダムなど、ホワイトヘッドに共鳴していた生物学者でした。じっさい、私たちはこの哲学の新しい条件のもとに、さまざまな種類の思想をつなぎ合わせることができます。たとえば有機体論ないし発生学や、システム理論、ゲーデルの再帰関数やチューリングマシン、そしてサイバネティクスなどです。有機体論は、機械論と生気論を同時に乗り越えようとしていました。それはいわば、一九世紀に産業主義がもたらした破局への対処法だったのです。現にベルタランフィは、『一般システム理論』のなかでこのように述べています。

機械論的世界観は物理学的粒子の運動を究極の実在とみて、物理学的なテクノロジーの栄光をたたえる文明のなかにみずからを体現したが、結局はこれが現代の破局まで私たちを導いてきたものなのだ。世界を大きな有機体とみるモデルは、おそらく、最近数十年の血なまぐさい人類史のなかで

一ほとんど見失われてしまった生命への尊敬の気持ちを回復するのに役立つことだろう。(16)

機械と有機体の対立は、一八世紀ではまだ概念上のものにすぎませんでした。一九世紀になると、産業化が進むなかで機械論が勝利を収め、両者の緊張関係が強化されました。これによって、鋼鉄と自然の融和――これはドイツの国家社会主義における公約のひとつです――を説く政治的ロマン主義がもたらされたのです。しかし、こうした状況はいまでも事実だと言えるでしょうか？ 有機体論は、一八世紀にそうだったように、機械論と必然的に対立するものなのでしょうか？ いまでも多くの評論家たちが、産業的なテクノロジーの勝利を視野に入れて、テクノロジーの発展を何らかの有機体論と対立させようとしています。そこでは、まるで有機的なものが安全地帯であるかのように、そしてこんにち私たちが論じているテクノロジーが、一八世紀の機械論をただ新しくしただけであるかのように、考えられているのです。このような有機体と機械論の対立にもとづく評論は、ある種の政治的自然主義をめざすような幻想をもたらします。この種の自然主義は、一八世紀のロマン主義がそうであったように、有機的なものを芸術や哲学、そして政治の理想的なモデルとみなします。生態系の危

(15) 私たちは有機的〔organic〕と有機体論的〔organismic〕という言葉の曖昧さをそのままにしているが、ここで補足しておくと、有機的なものとは無機的なものと対立する物事である。そして有機体論とは、有機体とその発展を研究するための、体系的かつ科学的なアプローチのことだ。

(16) Ludwig von Bertalanffy, *General System Theory* (New York: George Braziller, 2015), 48.〔フォン・ベルタランフィ『一般システム理論』、長野敬、太田邦昌訳、みすず書房、一九七三年、四六頁。訳は一部変更している〕

機が生じ、複数の生物種による共生について再考することが喫緊の課題となるなかで、こうした傾向はますます強くなっています（ダナ・ハラウェイはその一例です）。ひょっとすると、これを永遠平和をめぐる協定の再来とみなすことも可能かもしれません。それも国民国家ではなく種のあいだに結ばれるものとして。とはいえ、そこで素朴に考えてしまうと、自然の消滅かテクノロジーの消滅かといった軽薄な判断が容易にもたらされるでしょう。ですから、共生という大きな問題について省察するためには、こうした対立——有機的なものと機械的なもの、政治的自然主義とデジタル生気論などな
ど——を再検討することで、いま哲学をするための新しい条件を理解しなければいけないのです。

ここで、最初に引用したハイデガーの悪名高い著作である『黒表紙のノート』の主張について考えてみましょう。このハイデガーの発言は、一八世紀の機械論と有機体をめぐる論争を踏まえて考える必要があります。ハイデガーが指摘しようとしていたのは、つまりこうした機械的なものと有機的なものの対立がすでに時代遅れであること、またそれゆえ、もはや有機的なものは人間性や永遠平和にとっての理想ではないということです。ハイデガーがこのような結論を下したきっかけは何だったのでしょうか？　そしてそれは、現在の私たちにとってどのような意味をもつでしょうか？　ここで私たちは、ハイデガーの別の主張を振り返る必要があります。それは、サイバネティクスが意味するのは西洋の哲学と形而上学の終わりにして完成であるというものです。じっさいかれは、以下のように述べています。

一　哲学の終わりは、科学的かつテクノロジー的な世界の操作可能な編成や、そうした世界にふさわし

い社会秩序が勝利を収めることを示している。哲学の終わりとは、西欧的な思考にもとづく世界文明のはじまりのことなのだ。(17)

この主張は、存在の問いにかんするハイデガーの地政学的かつ哲学的な探究に由来するものとして理解できます。ですが、それにくわえて、これを哲学の新しい条件にかんする私たち自身の探求とつなげなければいけません。そのためには、サイバネティクスについて、とりわけ一九四八年に出版されたノーバート・ウィーナーの『サイバネティクス――動物と機械における制御と通信』について検討する必要があります。(18)

(17) Martin Heidegger, "The End of Philosophy and the Task of Thinking," in *On Time and Being*, trans. Johan Stambaugh (Harper & Row, 1972), 59.〔ハイデッガー「哲学の終末と思索の課題」、『思索の事柄へ』、辻村公一、ハルトムート・ブフナー訳、筑摩書房、一九七三年、一一三頁。訳は英文より〕

(18) Norbert Wiener, *Cybernetics: Or Control and Communication in the Animal and the Machine* (Cambridge, MA: MIT Press, 1985).〔ウィーナー『サイバネティクス――動物と機械における制御と通信』、池原止戈夫ほか訳、岩波書店、二〇一一年〕。ちなみに、ウィーナーの著作がドイツ語に翻訳されたとき、ハイデガーはそれを丁寧に読んでいる。しかもハイデガーは、ドイツのヘーゲル主義者でサイバネティクス研究者であるゴットハルト・ギュンターの『機械の意識――サイバネティクスの形而上学』〔未邦訳〕のほぼすべてのページにコメントを記しているのである。なおこの本では、サイバネティクスはヘーゲル的な反省の論理が実現したものだと主張されている。

ウィーナーの『サイバネティックス』の第一章は「ニュートンの時間とベルクソンの時間」というタイトルになっています。ニュートン的な運動は、機械論的かつ時間対称的で、それゆえ可逆的です。一方で、ベルクソン的な時間は生物学的かつ創造的で、不可逆的です。フランスの物理学者であるサディ・カルノーが（ニュートンが亡くなった一七二七年から約一世紀後の）一八二四年に熱力学第二法則を提唱してはじめて、私たちは「時間の矢」を認識し、系のエントロピーが時間とともに不可逆的に増大することを知りました。このようなニュートン的な時間とベルクソン的な時間のちがいは、物理学と生物学の、また機械と有機体の境界を定めています。そしてサイバネティクスの課題とは、物理学——とりわけ統計力学と量子力学——の進展により、フィードバックや情報の概念を駆使すれば、機械と有機体の境界を超えるサイバネティックな機械を構築できると示すことでした。そのため、ウィーナーは第一章の最後でこう主張しています。

> 現代の自動機械は、生物体と同種のベルクソンの時間のなかにある。したがってベルクソンの考察のなかで、生物体の機能の本質的な様式が、この種の自動機械と同じではないとする理由はないのである。［……］事実、機械論者と生気論者の論争はすべて、問題の提出の仕方が拙《つたな》かったために生じたものであって、すでに忘却の淵に葬り去られたのである。[19]

よく知られているとおり、生気論は、ハンス・ドリーシュやベルクソンなどと密接にかかわっていました。ところが、「エンテレヒー」や「生命の飛躍《エラン・ヴィタール》」といった概念が神秘的であるという根拠により、生気論はしばしば有機体論の学派に属する生物学者や数学者から非難されていました。機械論者と生気論者の論争が乗り越えられたというのは、いまや機械が生気論的になっているという意味ではありません。むしろ、この二元性そのものが、有機体論によって乗り越えられたということです。そしてそれを機械的に実現しているのが、サイバネティクスにほかなりません。ウィーナーの概念を用いた思考においては、私たちが水の入ったグラスをつかんで口元へ運ぶとき、計算された情報にしたがって、いくつものフィードバックループや調節が起きているとされます。それと同時に、こうした情報によって、組織化のレベルが測定されることになります。要するにウィーナーは、有機体に対するベルクソンの生気論的な定義は、もはやサイバネティックな機械の設計と区別できないと主張しているのです。このウィーナーの主張は、現在におけるデジタル生気論とでもいうべきもののはじまりを告げています。デジタル生気論とは、すべての存在者をデジタルなアルゴリズムに還元することや、私たちよりも私たち自身をよく知るようなアルゴリズムを作りだすことが可能だと考える立場のことです。

このような類比をつうじて、ウィーナーは有機体と機械をある共通の目的によって結びつけることになりました。それは、「エントロピーの増大に向かう一般的傾向」に抗うことです。ウィーナーにとって、フィードバックの概念は技術的対象や有機体に制限されるものではありません。かれはそれを経済の分析やその他の社会現象にまで広げています。たとえばウィーナーは、自身の言う「長期的

(19) Ibid., 44.〔同上、一〇二頁。訳は一部変更している〕

フィードバック」について論じつつ、中国人の「政治的偶像崇拝」に言及しています。それによると、天命は皇帝や王朝の命運と相関しています。つまり戦争や飢饉による人民の苦しみは、皇帝や王朝が天命を失っており、ゆえに失脚の運命にあることを指し示しています。ウィーナーは、ここに一種のフィードバックがあると力説したのです。[20] ウィーナーの定式にしたがえば、あらゆるところにフィードバックを見いだせます。要するに、それは新しい認識論を構成しているのです。

サイバネティクスの出現はひとつの事件でした。このとき、近代的な哲学の条件そのものに異議が唱えられたのです。まさにこうした意味で、私たちは、サイバネティクスは西洋哲学の終わりを示しているとハイデガーが語ったわけを理解できるでしょう。くわえてジルベール・シモンドンが、『技術的対象の存在様態について』のなかで技術的対象は有機的になりつつあると主張したのも、おなじ意味だといえます。[21] 二〇世紀におけるテクノロジーの発展によって、哲学はあらたな存在の条件を認識するよう強いられたように思います。哲学の根底にあるのは、もはや有機的なものと機械的なものの対立ではなく、テクノロジーによる惑星化なのです。

哲学の新しい条件をもとめて

ここまでの議論をまとめて、共生の問いにつなげておきましょう。本講で示そうとしたのは、以下の三点です。

（一）機械論と有機体の二項対立が、いかにして近代哲学の基礎となったのか。この対立はライプニッツから始まったのですが、カントの『判断力批判』がより体系的な起点となっています（ちなみにライプニッツは「ケンブリッジ・プラトン学派」の影響を受けていましたが、ニーダムは、ライプニッツがフランスのイエズス会士経由で中国の儒家にインスパイアされたとも述べています）。

（二）私たちが哲学の有機的な条件と呼んだこの思考のパラダイムが、現在、いかにしてサイバネティクスに乗り越えられているのか。サイバネティクスによる哲学への異議申し立ては、人工知能の進展によってますます明白なものとなるでしょう。じっさい、最近ではChatGPTの公開によってある種の実存的なパニックが起きています。

（三）なぜロマン主義的、あるいは有機体論的な自然の概念に依拠した共生の提案が、もはや共生の問いへの適切な答えを与えてはくれないのか（といっても、これはその種の提案に一切価値がないという意味では全くありません）。

---

(20) Norbert Wiener, *Invention: The Care and Feeding of Ideas* (Cambridge, MA: MIT Press, 1993), 124.〔ノーバート・ウィーナー『発明【新装版】——アイディアをいかに育てるか』、鎮目恭夫訳、みすず書房、二〇二〇年、一五六頁〕

(21) Gilbert Simondon, *On the Mode of Existence of Technical Objects* (Minneapolis: Univocal, 2017).

こうした状況を受けて、私たちは哲学の新しい条件を特定しつつ、現在私たちが直面する問題に対処しうる新しい枠組みを発展させる必要があるでしょう。有機体論的な隠喩を用いていては、いま起きていることの先へは行けないでしょうし、生物学的な隠喩に引き込まれる危険性もあります。こうした隠喩はもはや、こんにちの哲学の条件を理解するための批評的な装置を提供してはくれません。ですから私は、共生をsymbiosisではなくco-existenceと訳すほうがよいと考えているのです。生物学的な隠喩から距離を置くことで(私が強調しているのは否定ではなく距離を置くことです)、私たちは新しい道のありかを突きとめなければなりません。それは、抜本的な再開に挑戦する道です。

現在私たちが直面している問題は、テクノロジーによる惑星化です。これによって、それぞれの認識論にしたがって打ち立てられた過去の枠組みの数々に対して、異議が唱えられています。なので、いまや有機体論への回帰は有効ではありません。気づかぬうちに、現在のテクノロジーを一九世紀のそれのように扱ってしまうからです。たしかに、一部の製造業のなかで一九世紀的なテクノロジーが存続しているのも事実ではあります。しかし、いま私たちが直面しているのは人工知能であり、グローバルなデジタルプラットフォームであり、その他あらゆる類の技術的有機体論なのです。これらは国家の領域を超え、地球の隅々まで急速に拡大しつつあります。ですが残念なことに、テクノロジーへの批判の大部分は、依然として機械と有機体の対立にもとづく人間主義にとどまっています。共生のプログラムを前進させるためには、この講演で試みたように、哲学の新しい条件を明らかにしなければなりません。そのうえではじめて、私たちはどこから再びはじめればよいかを問えるのです。これのあらたなはじまりをつうじて、私たちはテクノロジーによる惑星化の問いを真剣に扱い、惑星化のプロセスによって閉ざされているものを再開させることができるでしょう。[22]

(22) この点を念頭に置いて、私たちは中島隆博の提唱する「新しい啓蒙」をめぐり、かれとの対話をはじめることができるだろう。

終講

よりよく生きるためのスペースを想像する

石井 剛

いしい・つよし　東京大学総合文化研究科教授、東京大学東アジア藝文書院院長。一九六八年生まれ。博士（文学）。中国近代思想史・哲学。著書に、『斉物的哲学』（華東師範大学出版社）、『戴震と中国近代哲学』（知泉書館）など。

「共生」はなぜ価値があるのか

「共生」というのはふしぎなことばです。なぜなら、このことばはsymbiosisの訳語として、わたしたちが生物として生きられている条件を説明するものであり、何よりも生の事実であると認識すべきであるにもかかわらず、わたしたちはそれを倫理的な価値であると理解し、社会的な目標に据えているからです。共生の事実はつまり生物界の自然だと言い換えられるでしょう。人間は、自然であることをそのまま自然に受け入れるのではなく、人間社会が目指すべき理想や実現すべき価値であると理解して、そこに向かって努力しているのです。これは奇妙なことではないでしょうか。わたしたちはいかにより自然に近づくかという努力をきわめて作為的に遂行していることになるわけですから。これはあらゆる生物の中で、もしかすると人間に特有なふしぎであるかもしれません。

孟子はこの人間に特有なふしぎを出発点として、人びとがいかにして善を実現していくかを考えようとしました。つまり、孟子にとって人が善をなすのは本来疑いを差し挟む余地のない自然な事実であるはずなのに、人は残念ながらその事実を忘れてしまっているのです。そこで人は失われた「心」を取りもどすべく生きることになるのだと孟子は言います。ここでポイントとなるのは、孟子がこのふしぎこそは人間らしさの所以であると考えていたことです。動物であればそれが利己的であるか利他的であるかを問わず、ただ単に自らの欲求を満たそうとして行動するでしょう。しかし、孟子の言葉を借りると、人間はそこに君臣や父子のような意義、すなわち仁義を見出します。結果として動物もまた仁義にかなう行動をしているのだとしても、動物はそう行動することが仁義にかなっているからそうすべきだと思って行動したわけではないでしょう。孟子は次のように言っています。

人が鳥や獣と異なっているところはほんのわずかしかない。庶民はそれを失っており、聖人だけが留めている。舜はものごとを明らかにし、人倫を観察して、仁義によって行った。仁義を行ったのではない。

（『孟子』離婁下、『孟子』（下）、小林勝人訳注、岩波書店、一九七二年、八一―八二頁。ただし訳は拙訳による）

人間と動物のちがいはほんのわずかしかありません。そのちがいは聖人だけが知りうるものでした。太古の帝王舜は森羅万象と人間の社会の現実をよく観察して明らかにした結果、「仁義」という人の特性を発揮できるような政治を行うことができました。「仁は人の心であり、義は人の路である」とも孟子は述べています（『孟子』告子上、同上、二五三頁）。仁や義の豊かな含意をここで尽くすのは困難ですのでここでは端的に、それぞれ「よいこと」と「正しいこと」であると理解してください。すなわち、わずかなちがいとは、結局のところ、行為に価値を賦与していく能力の有無にほかなりません。原始的には誰にでも具わっている心の反応を行為として外化すれば、それはよいこと、正しいことになるはずで、よき行い、正しき行いは必ずしも人間に特有の行いではありません。人間に特有なのは、何が善であり、何が正であるかを抽象的に認識できることです。しかし、ふつうの人々はそれを忘れてしまっているのであり、だからこそ人は学ぶことによって、失われた「心」をとりもどすのだと孟子は主張しています。そうした学びが完成すれば「聖人」となることができます。聖人は、それとことさら意識して行為する（つまり「仁義を行う」）ことなく、ただ仁義に則って（「仁義によって」）行為できるようになるのだと孟子は言います。聖人は結局のところ心の自然を高次に回復した人格のことなのです。

したがって、共生が生物学的事実であるとするなら、わたしたちが求める価値ある共生のありかたとは、結局のところ、わたしたちにとってよりよき生のありかたそのものであるにちがいありません。事実を敢えて高い価値に据えなければならないのはわたしたち人間という厄介な動物のきわめて特徴的な性質です。しかし、その人間らしさこそがわたしたちにとっての希望であるはずです。これを踏まえた上で、以下でわたしが皆さんと考えてみたいのは、何がよりよい生なのかを問うのではなく、よりよく生きるためにわたしたちはどのような場所が必要なのかという問題です。

いらだたしく制御不能な他者

この問題を考えるためにも、これまでの講義に対して皆さんが寄せてくれたフィードバックのコメントをいくつか取り上げてみたいと思います。まずは王欽さんの講義に対するコメント。

――共生を求めることは、他者に対して自分との共生を耐えるように強いることであると考えます。互いに迷惑をかけつ、かけられつ、といった関係こそ共生であると思います。またカフェのような静かな場所ではカップルの囁きがノイズのように感じられても、外に出てみれば、カップルのささやきよりもデシベルの数値としては大きい音がたくさん溢れているにもかかわらず、不快感を感じない場合が多いかと思います。一対一でいると不快に思うことも、百人の集団でいれば不快にならないこともありますし、その逆も往々にあります。共生は、さまざまあるケースで互いに不快に感じたりしながらも、その場では耐えて、その後は忘れることができるからこそ、成り立つものであると思います。

ノイズは有無を言わせずわたしの中に入ってきます。他者が自分の領域をズカズカと侵してくるのは本当にいらだたしいものです。しかし、それはわたしと他者の境界線が曖昧になるのとは異なっています。他者はわたしとは絶対にちがうから他者なのであって、他者が侵入してきてもそれはわたしと他者が一体化するのとはむしろ逆であるからこそわたしたちはイライラするのです。では、「わたし」とはいったい何なのでしょう。

例えば西田幾多郎は「我々が自己に於て見る感覚的なるものが、他として私に呼びかけることによって、私は私自身を知るということができるのである」と言っています（「私と汝」、上田閑照編『西田幾多郎哲学論集Ⅰ』岩波書店、一九八七年、三二四頁）。他者の存在が感じ取られることによって、かえって「わたし」の存在が浮かび上がってくるのですから、ノイズによって心をかき乱されることはむしろ「わたし」に気づくための重要な契機だということになります。一方、和辻哲郎は「間柄に於て自他が分離しつつその分離に於て自他を「我々」として直接に理解している」と述べています（和辻哲郎『倫理学』、苅部直編『初稿倫理学』、筑摩書房、二〇一七年、一二七頁)。皆さんもご存じのように、「間柄」という概念は和辻哲学のキーワードですが、その間柄的関係においては自他が分離されつつも、「我々」という意識が成立しているのだとされます。しかし、この議論に対しては、宮川敬之という研究者が、和辻の試みはアクチュアリティーや批評性を伴っていたはずなのに、倫理学として体系化されたとたんにそれが「奇妙に貧相なモノローグ」に近づいてしまうと、かなり尖鋭な疑問を提示しています(宮川敬之『和辻哲郎——人格から間柄へ』、講談社、二〇〇八年、二四一頁)。自他が分離しながらも間柄において「我々」になってしまうのは何故でしょうか。他者のもたらすノイズに起因するイライラがこの和辻の議論の中ではうやむやに解消されてしまっています。

他者とわたしのいらだたしい関係は本来そう簡単に解消されてしまうものではないはずなのに、なぜそれは「我々」において回収されてしまうのでしょうか。「わたしたちの共生」が価値に定められたとたん、そのような共生関係を阻害する異質な他者は排除されるか、そうでないとしても我慢させられてしまいます。和辻の「間柄」論が他者のもたらすいらだたしいノイズを解消することをよしとしているのだとすれば、そこで実現されるのはことばの真の意味での共生ではないでしょう。他者の存在がいらだたしいのはまさにそれが「わたし」の側に回収できない、つまり「我々」にはなりえない場合においてであり、しかもそのような回収不可能な他者とわたしたちは事実として共生している、そう考える必要があるはずです。共生とは、とりわけ「わたし」なる意識を持ってしまっているわたしたち人類にとって、そもそも調和的で快適なものではないはずなのです。

青山和佳さんの講義に対するフィードバックの中に次のようなものがありました。

自我の中に他者が含まれているという感覚は、自分の中にアンコントローラブルな要素を持つことであり、そのアンコントローラブルの制御を諦めると、途端に向こうに飲み込まれてしまう可能性がある。一方で、そのアンコントローラブルなものの制御を諦めるということは、それをそのものとして受け入れることにもつながる。自分自身をそのまま受け入れることが大事、という言説は一つの大きな潮流としてあるような気がするが、そこにはそっくりこのまま、コントロールできない他者を受け入れる、という要素が含まれている。そうすると、ここにはもっとアンコントローラブルを許容する論理が必要であると感じた。

この方は、「貧相なモノローグ」に堕してしまうギリギリ一歩手前のところで新しい倫理のあり方を生み出そうとしているという意味で、和辻に対する宮川の問いを継いでいるものだと思います。しかし、いかなる「論理」によって、制御できない他者を受け入れることが可能になるのでしょうか。それを考えるヒントになりそうなのは、藤岡俊博さんの講義に対する次のような感想です。

レヴィナスは存在することは存在するための場所を所有することだと解釈した。存在することで場所を必要とするなら、場所はすなわち土地であり、存在することは土地を必要とし、土地を奪うことである。土地を奪うことは時に争いをうみ、軋轢をうみ、怒りをうむ。「私」は中心にあり、「私」の世界に他者は存在する。場所や土地を所有する正当性を問い続けることは、すなわち自分中心の世界に他者を住まわせることの理由を問い続けることである。レヴィナスは共生の不可能性を前提としながらも、他者の場所を奪い、「殺人」を犯しながら自分が存在することを常に危惧し、自分が自分の場所に存在することの正当性を問わなければいけないという。他者と自分は相入れないのか。共生は不可能なのか。自分が存在することは他者を殺すことか。

レヴィナスの問いはきわめて深刻です。なぜなら、わたしがこうしてここに存在していることによって、他者の場所が奪われてしまっているのではないかと問うているからです。容易に「我々」には回収されないような他者との関係の前でレヴィナスは哲学していたのです。それでもやはりわたしは別の事実に注目してみてもよいだろうと考えています。つまり、わたしたちは単に殺してはいけないということを知っているだけではなくて、実際にその教えをいまもこうして実践しているという事実です。頭でそうすべきだと理解するよりもずっと前から、わたしたちはこのことを実践しています。当たり前のことを言っているように聞こえますが、この事実は、わたしという存在がわたしだけによって成り立っているのではなく、わたしよりも先にまず他者があって初めて可能になっていることを教えてくれるものです。

例えば、わたしはいまここで講義をしていますが、なぜそれが可能になっているのでしょうか。それはわたしがこの講義を担当する教員だからにほかなりませんが、わたしが東大教養学部の教員であり、この時間にこの講義を担当することはもとよりわたしが一人で決めた結果ではありません。それは、わたしがそのようにあることを許されているからこそ初めて可能になっています。許しているのはわたしを雇用している東京大学だけではありません。より根本的には、わたしはこうやって教室に集まってきている皆さんによって、いまこの瞬間、ここに立って話すことを許されています。わたしがここでこのように振る舞うことについて、皆さんは誰かから指示されたわけではないけれども、それを当然のように受けとめた上で、「殺してはいけない」という具体的な倫理の要求にいままさに身を以て応じているのではないでしょうか。したがって、わたしがここにこうして存在していることは、わたしがこの場を支配していることではなく、その反対に、わたしが存在することを許されていること、つまり、他者がわたしを存在させていることの証左なのだと思います。

ペルソナと礼

ここまで考えて、もう一度和辻哲郎にもどってみたいと思います。『面とペルソナ』という非常に短いテクストのなかで、和辻はこう言っています。

ここまで考えて来ると我々はおのずから persona を連想せざるを得ない。この語はもと劇に用いられる面を意味した。それが転じて劇におけるそれぞれの役割を意味し、従って劇中の人物をさす言葉になる。〔……〕しかるにこの用法は劇を離れて現実の生活にも通用する。人間生活におけるそれぞれの役割がペルソナである。我れ、汝、彼というのも第一、第二、第三のペルソナであり、地位、身分、資格等もそれぞれ社会におけるペルソナである。〔……〕しかるに人は社会においておのおの彼自身の役目を持っている。己れ自身のペルソナにおいて行動するのは彼が己れのなすべきことをなすのである。従って他の人のなすべきことを代理する場合には、他の人のペルソナをつとめるということになる。そうなるとペルソナは行為の主体、権利の主体として、「人格」の意味にならざるを得ない。かくして「面」が「人格」となったのである。

（和辻哲郎「面とペルソナ」、坂部恵編『和辻哲郎随筆集』、岩波書店、一九九五年、二七―二八頁）

和辻は、他者とわたしの関係を「ペルソナ」、つまり役割として理解しようと提案しています。中島隆博さんの講義の中では、パブリックでもプライベートでもない第三のあり方として「パーソナル」という概念に言及がありました。それは和辻のペルソナに連なるものです。学生さんからのコメントをちょっと見てみましょう。

私は他者との関係性の中での自分自身のあり方に苦慮する中で、不登校になった。学校は権力が作用し人々を規定してゆく機能を持っている。この一連の流れは、パブリックな権力から自分自身を守るというプライベートなあり方でありながら、しかし自分自身の生を十分に生かしうる選択としてその当時の私が判断したわけではなかったように思える。現在の視点から見れば結果的に私を守るだけでなく、今後私自身の学びと生の発揮に向けた一時的な避難としてとらえられるものであったように思える。しかし、それを一時的な避難として終わらせ、私自身がより良い生のあり方へと向かう動きを生み出すことができたのは、まさにより良い生へ向かうことを支えてくれる方々との出会いであった。高校の先生が大きな転換点であったが、私の最も身近な家族の不断の支えを再発見することで、私がどのような存在で、どのようなあり方へと向かうべきなのかを模索するきっかけを与えてくれたように思える。そして、私に良い影響を与えた方々は、共通して私のパーソナルなあり方を認めていたからであるように感じる。

この方自身の体験に即して言えば、先生と生徒というペルソナ的関係が、この方をもう一度ご自身のよりよき生に向かう道へと誘ってくれたわけです。わたしはこうした関係を「礼」という概念で考えてみるのがよいと考えています。そのように考えるようになったきっかけは、ハーヴァード大学のマイケル・ピュエットという、中国哲学を文化人類学的に考えている研究者です。その日本でも評判になった講義録の中で彼はこう言っています。

いくら自分探しをしたところで、単一の真の自己などというものは存在しない。自分自身の内にも、ほかの人の内にもない。心理学者であり哲学者であったウィリアム・ジェームズ(一八四二―一九一〇)はかつて、〝人は、自分を知る人の数とおなじだけの社会的自己をもつ〟と書いた。驚くほど孔子的な意見だ。人にはそれぞれ無数の役割があり、役割同士が対立することも多いうえ、それをあやつる手綱さばきを教えてくれる規範もない。礼の実践だけが手綱さばきを身につける助けになる。

(マイケル・ピュエット&クリスティン・グロス＝ロー『ハーバードの

（ウィリアム・ジェームズはかつてハーヴァードにいたプラグマティズムの哲学者であり、まさにペルソナ的な人格観をここで示しているのですが、ピュエットはそれは孔子の考えに近いと言っています。『人生が変わる東洋哲学』、熊谷淳子訳、早川書房、二〇一八年、六八頁）

その上でピュエットは、孔子の礼には「変化させる力がある」と述べています。なぜかというと、礼によってわたしたちは少しのあいだ別の人格になるからだというのです。ただし、これはわたしたちがふつうイメージしている礼とは少し異なるので注意が必要です。

『論語』に次のようなことばがあります。

祭如在。（『論語』八佾）

「祭ること在すがごとくす」と訓読します。先祖を祭る儀式を執り行うに当たっては、あたかもそこに亡くなった先祖がいるかのように振る舞いなさい、というほどの意味です。ポイントは「いるかのように」というところにあります。そうすることによって、この儀式に参加する人々は、自らに与えられた役割を演じることになります。それは日常とは少し異なる役割です。例えば、家族の中で夫婦や親子兄弟関係のいさかいはつきものでしょう。しかし、その瞬間だけは、そうした現実のいさかいからちょっと離れて、先祖がいる「かのように」振る舞わねばなりません。ピュエットに言わせるとこうした礼の空間は、その参加者たちが自らの役割を演じることによって、日常の中に「代替現実」

alternate realityをつくり出す仕掛けだということになります。ふつう、わたしたちは礼というと対人的なマナー全般のことをイメージしますが、ピュエット流に理解すると、そうしたイメージの大部分はこの「かのように」の礼からは外れてしまいます。なぜなら、「かのように」の礼は、日常の中で当たり前のように行われてしまっている規範や習慣にしたがうことではなく、人為的に作られた非日常的な空間の中で割り当てられた役割を演じることだからです。人々はその空間の中で、他者に対するより相応しい反応の仕方を学んでいくのです。それはまるで、先祖をお祭りする法事の席では何かと仲の悪い親戚や家族とも、その時だけは体裁を繕わなければいけないようなものです。こうして少しずついらだたしい他者に対する身の処し方、いや、心に入り込んでくるいやなノイズに対する適切な反応のしかたを少しずつ学んでいくのです。『論語』にはほかにも礼に関するエピソードがいくつもありますが、孔子の学問が中心に据えているのはこうした礼の実践であると言えるでしょう。

近代になると、カントが啓蒙を定義して、それは未成年状態から脱して理性を公的に使用することであると述べています。しかし、孔子の側からすると、礼の実践を通じた感情の修練がもう一つ必要なのではないでしょうか。啓蒙の公的空間がきちんと機能していくためには、そこに参加する個々のペルソナが、その空間の中で適切にしかも自覚的にそう振る舞うことが不可欠です。ソーシャルメディアの世界ではしばしばいわゆる炎上のようなことが起こりますが、それはその空間の中で礼が機能していないということを示しています。そう考えると啓蒙とは、ただ単に個人が主体的に勇気を持って理性を公的に使用すればいいということだけではなくて、使用において適切に振る舞うことまでが含まれねばなりません。それこそは礼の実践ということになります。カントは明示しているわけではありませんが、きっとこうした礼的要素の必要性は彼の啓蒙論の中に自然に含意されていたのではないかと思います。

キャンパスを礼の実践の場に

以上のようなことから、わたしは大学のキャンパスは礼を実践する場であってほしいと希望しています。大学で学問をするというのは、理性の道具としての知識を修得するだけではなく、理性に基づいた公的空間で適切に振る舞うための感情の修練を実際に身体を使って身につけていくということなのだと思うのです。星野太さんの講義は、大学がそのような場として機能するための条件について考えさせてくれるものでした。また学生さんのコメントを拾ってみましょう。

私は寂しがり屋である。それでいて、集団行動が苦手である。そんな私にとって、アトス山の修道院の生活は魅力的に思えた。しかし、「個人のリズムで暮らしつつ、他者と共生できるなんて、まさに夢のようだ……!」と嬉しがったのも束の間、それはユートピア(存在しない場所)でしかなかった。アトス山は、この世界では例外的な場所でしかないのだ。では、私のような、寂しがり屋であり、かつ他者との共生も難しい人間は、どのように生きればよいのだろうか? アトス山をユートピアとして理想化するだけでなく、現実のものとする事はできないだろうか? 私はコミュニティを作り観察することでアプローチしようと考えている。とりあえず、同じ志を持つ人を集めて同

じ場所で寝食を共にし、アトス山のような共同体を作れるか実験してみる。例えば、アトス山は出入りが厳しく制限されているが、その共同体では制限をできる限り撤廃して、立ち入り制限がアトス山を可能にするファクターかどうかを検証する。

この「実験」ですが、毎日大学に来る、キャンパスで学ぶという生活がこれに近いのではないでしょうか。残念ながら日本の大学では寝食を共にする学園生活はきわめて稀な例外になってしまっていますが。

ところで、大学というコミュニティには、目が見えない、耳が聞こえない、車椅子で移動している、通常の教室空間で授業を受けることが難しいなどのさまざまな理由で合理的な配慮やサポートを必要とする学生さんが少なからずいます。オンライン授業が普及したことによって無理をしてキャンパスに来る必要がなくなったのは、しかし、手ばなしで喜べることではありません。二〇二〇年の春に突然始まった新型コロナウイルス感染症の爆発的流行を受けて、駒場ではこの年の春学期の授業が完全にオンライン化されました。その時に生じた問題はいろいろありますが、ことのほか難しかったのは、キャンパスにいれば必要な介助を得られていた人たちが、自宅でそれらを欠いたままにどうやってオンライン授業を受講するのかという問題です。家族がその場につきっきりで介助するにも限界があり、ウイルス感染を防ぐために社交距離を確保しなければならないという事態の中では、介助の人手も決定的に欠乏してしまいます。人の自由というのは、その人自身の能力の多寡に負うのではなく、さまざまな社会的関係性の豊かさに負っていると言われ、そのことを社会関係資本と呼んでいます。二〇一九年までは、キャンパスの中にボランティアの学生さんがたくさんいて、車椅子を押したりするだけでなく、ノートを代わりにとったりとか、ノートを点字に変換したりといったことを、配慮が必要な学生さんそれぞれのニーズに沿って行っていました。

もちろん、こうした助け合いがつねにうまく行くとは限りません。むしろ小さな失敗や事故の認知件数は増えるでしょう（オンライン授業では、自宅で孤独な状況におかれている中で万が一何か事故があったとしても大学が関知するとは限りません。しかしそれは大学生活から事故が減ったことを意味せず、多くの事故について大学は見過ごすことになるでしょう）。しかし、わたしたちはそうした無数の小さな失敗を積み重ねながら、少しずつよりよい人になり、そして自らの社会関係資本を広げていくものではないでしょうか。いや、そうした偶発的な出来事に晒されたときにこそ、レヴィナスのいう顔に出会うことができるのではないでしょうか。

大学は実社会ではありません。皆さんが大学にいられるのは人生の中のほんの短い数年間だけです。だからこそ、大学生活は世の中の秩序の「ポケット」として、長い人生における短期間の「代替現実」を提供する礼の実践の場になりうるのだとわたしは信じています。そしてわたしは、このような意味での大学は、この社会に生きるすべての人たちにとって、現有の秩序を見直し問い直す「ポケット」として活用されるべき智慧のコモンズになるべきではないだろうかと考えています。

人間的であることとしての第三極

中国哲学の中に、こうした考えを支援してくれる発想を探してみることができます。わたしがここで紹介したいのは、『荘子』斉物論篇にある次のようなくだりです。

儒家と墨家の是非の論争が生まれている。彼らは、自学派の是非で他学派の非とするものを是とし、他学派の是とするものを非として、論争を続けている。〔……〕彼もまた一つの是非であり、此もまた一つの是非である。果たして彼の是はあるのだろうか。果たして彼の是はないのだろうか。彼と是とが対偶関係をもたないことを「道枢」という。「枢」において初めて円環の中心が得られ、尽きることなく応じている。是も尽きることなく、非も尽きることがないのである。

（池田知久『荘子全訳注』上、講談社、二〇一四年、一三八頁（一部改変あり））

「是非」、つまり「正しいこと」と「まちがっていること」ですが、儒家と墨家は共に自分たちの主張が正しく相手がまちがっているという論争を繰り返していました。その中では、自分たちの学派が信じている是非の基準にしたがって相手の学派の主張を論難するばかりであり、基準が真っ向から対立している儒墨の論争においては、一方から見れば是なることが他方から見れば非であるという、是非のある種の循環が成立してしまっています。これでは互いに折り合うことは不可能なままでしょう。

しかし、荘子はこの循環が成り立っている構造に注目して「道枢」を見出します。「枢」は「くるる」と訓じて扉の回転軸を指します。是非の尽きない論争はあたかも枢のまわりを回り続ける円環運動であって、決着がつくことがありません。しかし、その中心（「環中」と荘子は呼びます）は常に動くことなく、是非のいずれに偏ることもありません。清代末期の郭嵩燾という人は環中に遊ぶことで是非に振り回されることなく、無尽の変化に応ずることができると述べています。そうすることによって「道」がのこるというのです。

「道」は言うまでもなく中国哲学のそれこそ枢要を成すキーワードですが、その意味は多義的で簡単に定義できるものではありません。しかしこのようなある種形而上学的なキーワードが「道路」を表す語だというのはおもしろい事実です。先のピュエットの著作は英語のオリジナルタイトルが *The Path* となっていますが明らかにそれは道を意識した名付けです。道路はそこを多くの人が通ることによってできあがるものですので、道なる概念をどんなに玄妙に解釈しようとしても、その根っこには常に人が歩いて形成される道路（パス）という意味があるはずです。そう考えると、道枢は是非の判断基準をめぐる対立が現前としてあるにもかかわらず（いやそれがあるからこそ）可能になる人の生の可能性そのものであるとわたしは思います。では、是非のいずれにも偏ることもなく尽きせぬ論争を可能にしていく道枢は、具体的にどこに求められるべきなのか。その答えももう明らかでしょう。わたしは大学という空間こそが道枢の役割を担うべきだと考えます。

同じく『荘子』のテクストに基づきながら是非の二元論に回収されることのない制度のありようを構想したのが科学史研究で名高い山田慶児です。山田は『荘子』の渾沌の物語をヒントにして三極構

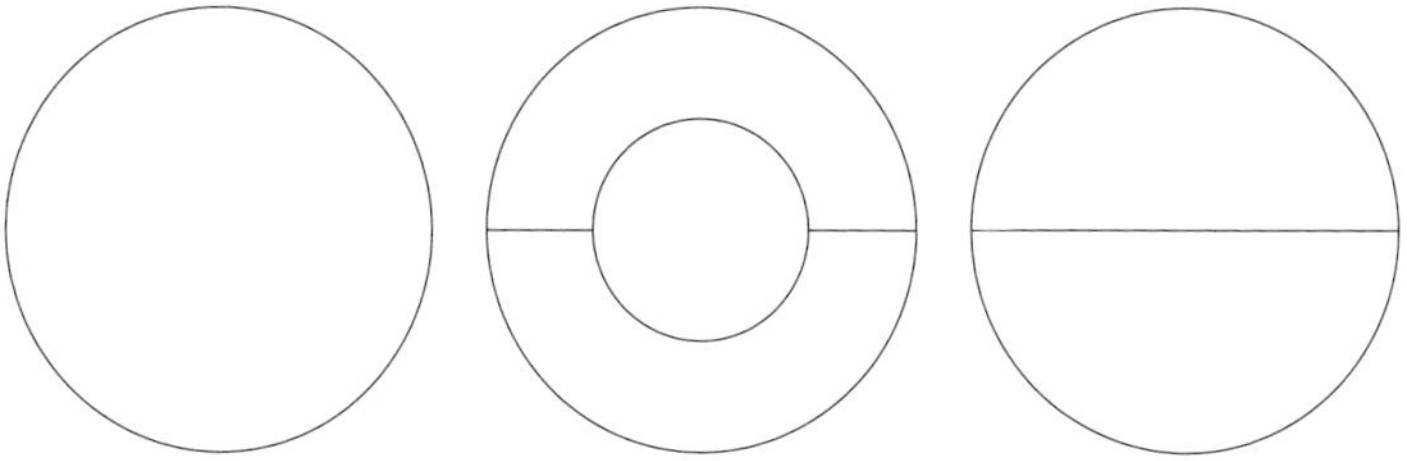

a　b　c

造というモデルを提唱しています（山田慶児『混沌の海へ　中国的思考の構造』、朝日新聞社、一九八二年、二九六頁）。a、b、c三つの図形があります。aは原初的な一元モデルで、混沌（カオス）の次元です。混沌に対して秩序づけようとする力が介入して来ることによってbのようなモデルが形成されます。上下から秩序化の力が加わりもともとのカオティックな領域は縮小し、二元化した外部空間とその狭間にある内部空間が形成されています。しかし、秩序化の力はやがて内部空間を圧殺する方向に作用していき、究極的にはcのような構造が残ります。山田によれば、自然界の運動を支えている力は二元論を志向しています。中国哲学が道における万物生成の運動を陰陽二気によって表現したのはこれを意味しています。一方で、三極構造は、あたかも儒墨両派による是非の尽きせぬ論争とその中央にあって論争の力学を支えている道枢の関係を彷彿させます。しかし、この構造を維持するのは容易ではありません。なぜなら、力の作用は二極的に現れ、カオティックな内部空間はそれによって常に圧迫されるからです。言い換えれば、三極構造は人為的な努力によって初めて維持される、きわめて人間的な構造なのです。ここで人間的というのは政治的と言い換えてもいいかもしれません。二極構造の中で政治は生まれません。なぜならそこでは一方が他方を凌駕しまたは服従するまでぶつかり合うしかないからです。

三極構造は、外部空間の力を否定することなく、それらをバランスさせようと試みた結果現れる構造です。矛盾の解消は往々にして一方が他方を圧迫することによって達成されますが、それが解決にならないことは、東欧社会主義の崩壊によって冷戦構造が崩壊したあとの世界のことを考えればわかるでしょう。フランシス・フクヤマは「歴史の終わり」ということばで、一元的な世界空間の出現をイメージしたのかも知れませんが、実際にはまた別の対立が生まれてきました。それは近年になって民主主義対権威主義のような二極構造へと単純化されながら国際政治の対立構図を形成しています。あたかも儒墨両派が互いの是非を譲らないのと同じような二項対立のシェーマが生み出されてきているのです。

智慧のコモンズとしての大学を育てる

大学がコモンズとして機能するということは、この三極構造における内部空間として、外部空間に作用する二項対立的な諸力のバランスを保つ道枢の役割を果たすことだとわたしは考えます。大学を中心に行われる学問の自由と独立の重要性は、近年の学術会議問題以来、日本では非常に尖鋭な問題となっています。しかし、学問が政治的領域から独立して自由な立場を保つ必要があるのは、学問自体の自律性を担保すること以上に、対立と闘争の現実を前にして、なおもわたしたちの社会がバランスを保ちながら、眼前の是非にのみ執着せずに道を探究するためではないでしょうか。すなわち、道枢として現実の対立や矛盾に孕まれる諸力をバランスさせるという意味で、大学はまさに政治的なポジションを占めることができますし、その必要もあるはずです。そうでないと、政治は単に是非の奪い合いに堕してしまいます。上述したようにそれは政治ではなく単なる力の支配です。

諸力のバランスする環中においてこそ、わたしたちは初めて力による支配から自由になることができますし、そのような自由な空間は人が道を進むために不可欠なはずです。その意味で、大学にはさまざまなステークホルダーが関わるべきだと思います。産学連携や社会連携が求められるようになったことは、大学が社会的な信託を受けて智慧のコモンズとしての役割をよりよく発揮するためにも意義があるはずです。山田が言うように、放っておけばわたしたちの世界は二元論に回収されていきます。つまり、自他の対立を「我々」の方向に解消したり、いらだたしい他者を圧殺する方向に力が作用します。わたしたちは他者を他者として遇するためにも、力の均衡する第三項を必要としているのです。

それでは目の前の問題を解決できないと思う方もいるかも知れません。いまここで起こっている戦争や気候変動などあらゆる問題は、何か具体的な方策によって解決する必要があるものばかりです。しかし、解決というのはいったいどのレベルにおける解決のことなのでしょうか。例えば、温室効果ガスの排出量を削減するために化石燃料から脱却して原子力を使えば、それで問題は収まるのでしょうか。短期的な課題を解決するための技術を開発し法律や政策を定めるのはもちろん不可欠なことですが、それでは済まない問題がわたしたち人類には無限にあります。それをいったいどこで考えればいいのでしょうか。社会のさまざまなパワーが、それぞれのパワーを持ち寄ってバランスさせて、智慧のコモンズを守っていく以外にないのではないでしょうか。そういうコモンズの中で、わたしたちはいま互いに学びあっています。しかも、単に知識を豊かにするだけではなく、礼の実践を通じて、他と共にある自分をよりよく演じることを学んでいます。

大学がそのような場としてよりよく機能するためにも、わたしたちはまず、他と共にあることによって自分がいまここにいるという事実を何度も確認して悦び、そして来たる人びとと学びあうことを楽しみたいものです。それは『論語』の冒頭にある有名なことば、「学びて時にこれを習う、また悦ばしからずや。朋あり遠方より来たる、また楽しからずや」の言わんとしていることにちがいない。そうわたしは思うのです。

読書案内

もし今回の講義に関心を持たれたなら、ぜひ中国哲学に触れてみることをお勧めします。講義の中でも触れた和辻哲郎には『孔子』（岩波書店、一九八八年）というすぐれた著作がありますが、孔子とその弟子たちの学問を「友愛の共同態」と呼んで、孔子の哲学の特徴を端的に捉えています。また、孔子と弟子たちの言行録である『論語』については、橋本秀美『論語』（岩波書店、二〇〇九年）がすばらしいです。孟子の哲学については、フランソワ・ジュリアン『道徳を基礎づける』（中島隆博・志野好伸訳、講談社、二〇一七年）が、ルソーやカントと比較しながら論じており、中国哲学のポテンシャルに気づかせてくれます。荘子についてはさまざまな著作がありますが、ここでは敢えて今となっては顧みられることも少なくなったであろう福永光司『荘子』（中央公論新社、一九六四年）を挙げておきたいと思います。荘子の思想を実存主義であると解釈しようとした野心的な著作です。孟子と荘子が同時代人であり、いずれも乱世の極限状態を経験しながら思索を深めた人たちであったという事実は、今日を生きるわたしたちを勇気づけてくれるものです。ジュリアンは孟子と一八世紀の思想家を並べるという比較研究としては大胆なアプローチを試みましたが、実は、彼らが代表する一八世紀ヨーロッパの啓蒙思想については、中国との間接的な関係がありそうだということが井川義次『宋学の西遷』(人文書院、二〇〇九年)によって示されています。特にカントの師でもあったヴォルフはイエズス会の宣教師たちがヨーロッパに持ち帰った中国の思想に強い関心を持ち、ライプニッツとも盛んに意見交換をしていたと言います。このような目でエマニュエル・カント『啓蒙とは何か』(篠田英雄訳、岩波書店、一九七四年)を読み直すと、啓蒙についても別の視点が出てくるかもしれません。ヨーロッパにおける中国文明の発見が与えたインパクトについては新居洋子『イエズス会士と普遍の帝国』(名古屋大学出版会、二〇一七年)があります。中国哲学は西洋の哲学とはまったく別様の思想であって、近代になって西洋から哲学を受容したわたしたち日本の読者にとっても、何かとっつきにくさを感じるジャンルになってしまいました。しかし、これらは相互に影響し合いながら発展してきたのだと考えるべきだというのが昨今の潮流です。デヴィッド・グレーバー『民主主義の非西洋起源について』(片岡大右訳、以文社、二〇二〇年)もそうしたトレンドに棹さす刺激的な著作です。井川や新居の論考も収録されている『世界哲学史』(全九巻、筑摩書房)は、ヤスパースの言う「枢軸の時代」以来の哲学の歴史をまさに世界史的な連鎖の中で描こうとした大きな仕事です。ヤスパース『歴史の起原と目標』(『ヤスパース選集九』所収、重田英世訳、理想社、一九六四年)は、哲学することが人類共通の営みであると認定することによって人類社会の融和の希望を描こうとした大著です。

あとがき

中島　隆博（東京大学東洋文化研究所所長）

共生という概念と向き合って、もう二〇年以上が経とうとしています。本書のもととなった連続講義では、東京大学東アジア藝文書院が、「三〇年後の世界へ――「共生」を問う」として、正面から共生を取り上げたのですが、どうしても自分自身のパーソナルな歴史を問わずにはいられませんでした。始まりは二〇〇一年に遡ります。二一世紀が始まったと思いきや、戦争の世紀である二〇世紀がなおも続いているかのように、二〇〇一年にはアメリカ同時多発テロ（九・一一）が起き、世界は緊張に包まれていきました。その九月一一日に、わたしは、とある映画館で、陳凱歌『子供たちの王様』の上映と解説そして質疑応答の会に参加しました。この映画は、文化大革命期に農村に下放されて、突然小学校の教師にさせられた青年の眼を通して、自然を征服する文化のぎこちなく暴力的な姿を何重にも露呈させたものです。農村や少数民族そしてジェンダーといった、抑圧される側の諸問題が折り畳まれるように表現されています。ここで共生を持ち出すならば、格差や暴力が構造化された状況において、いかなる仕方で共生を語るのかが問われていたのです。

その映画の会の後、帰宅途中の電気屋のテレビで、アラブの人たちが歓喜している姿が映し出されていました。まだアメリカ同時多発テロが起きたことを知らなかったために、何か感情を揺さぶられる出来事が起きたのだろうとしかわかりませんでした。しかし、その後、それがアメリカ同時多発テロを喜んでいた人々の姿だとわかった時は、実に複雑な気持ちにとらわれたことを覚えています。ちなみに、わたしの知る限り、その後日本のテレビで、あの歓喜する姿が映し出されることは二度とありませんでした。

暴力と記憶は深く絡み合っています。被害者と加害者の間の記憶の非対称性もよく知られていることです。被害者が記憶し続けるなかで、恨みが別の暴力となって噴出すると、今度は加害者が被害者となり、このループが悪い方へと深まっていく。共生を持ち出すのであれば、いかにして被害の記憶を抱きとり、別の暴力に転化しないようにするのかを考えるほかありません。

その翌年、二〇〇二年に、共生を掲げたセンターであるＵＴＣＰが駒場に発足しました。日本語名称は、「共生のための国際哲学研究センター」です。哲学は、とりわけ日本で行っている哲学は、世界中にある、様々な矛盾が凝縮された「核心現場」（白永瑞）にどのようにして関与しうるのか。重い課題を背負っての出発でした。それから二〇年以上が経ち、世界はより矛盾に満ちた、やっかいな場所になってしまいました。共生の問いは、決して古びたわけではないにしても、現在の「複合危機」（危機が危機を呼び起こすあり方）に立ち向かうには、自らの課題設定を根本からやり直さなければならなくなってしまったのです。

本書は、そうした共生の問いのもと、執筆者各人がそれぞれのアプローチから課題設定をやり直し、

「複合危機」に迫っていただいた論考の集合体です。今あらためて共生を問う。その苦闘と成果が、今日のわたしたちの共生の地平なのです。

裂け目に世界をひらく
「共生」を問う　東大リベラルアーツ講義

2024年 7月31日　初　版

［検印廃止］

編　者　東京大学東《とうきょうだいがくひがし》アジア藝文書院《げいもんしょいん》

発行所　一般財団法人　東京大学出版会

代表者　吉見俊哉

153-0041 東京都目黒区駒場4-5-29
https://www.utp.or.jp/
電話　03-6407-1069　Fax 03-6407-1991
振替　00160-6-59964

組　版　有限会社プログレス
印刷所　株式会社ヒライ
製本所　誠製本株式会社

ISBN 978-4-13-013155-1　Printed in Japan